Fritz Herzog

Von Aspern auf die Kreta

Fritz Herzog

Von Aspern auf die Kreta

Re Di Roma-Verlag

Bibliografische Information der Deutschen Nationalbibliothek:
Die Deutsche Nationalbibliothek verzeichnet diese Publikation in der Deutschen Nationalbibliografie; detaillierte bibliografische Daten sind im Internet über http://dnb.ddb.de abrufbar.

ISBN 978-3-86870-420-4

www.rediroma-verlag.de
11,95 Euro (D)

INHALT:

Erinnerungen seien, anders als Kupferstiche oder Postsendungen, undatiert. Man finde Dinge in seinem Gedächtnis vor, welche man manchmal durch Überlegung in die richtige Reihenfolge bringen könne.

Daniel Kehlmann aus „Die Vermessung der Welt"

Jeder, der sich erinnert, lügt. Es ist nicht genau so geschehen, wie wir es erinnern. Doch wir gehen damit um, als sei es die Wahrheit.

Steven Foster aus „Ithaka"

Vorwort

Wenn Pädagogen und Psychologen die ersten Jahre im Leben eines Menschen als die prägenden bezeichnen, jene, die in gewisser Weise das gesamte weitere Leben, wenn schon nicht vorhersagen, so doch bestimmen und später oft in langen psychotherapeutischen Sitzungen mühsam aufgearbeitet werden müssen, um das eigene Sein als Ist zu verstehen und zu akzeptieren, so ist es wohl wert diese Jahre und die Erinnerungen daran zurückzuholen und lebendig zu erhalten. Die Trennlinie dessen, was wahr ist, was Fantasie und was mangels Erinnerung nur aus Erzählungen im Gedächtnis haften blieb, ist fließend. In Wirklichkeit ist es auch unwichtig, diese Grenze in jedem Detail zu kennen.

Was für den Menschen als solchen gilt, gilt im selben Maß auch für Zeitalter. Die frühen sechziger Jahre, die Zeit des Wirtschaftswunders, des Konjunkturaufschwunges, von dem man damals gleich einem Kind glaubte, es würde wie die Kindheit und Jugend niemals enden, waren ein solches Zeitalter. Die volle Kraft des Lebens, so dachte man, würde niemals in Reife, Niedergang und zuletzt auch im Sterben und Tod enden. Auch diese Zeit, eine Zeit dieses unreifen Glaubens an die Ewigkeit des Jetzt, war eine Kindheitszeit. Auch daran gilt es sich zu erinnern. Auch dorthin gilt es hinzusehen.

Der Erzählband „Von Aspern auf die Kreta“ beschreibt die Erlebnisse und Erfahrungen eines Kindes von Beginn seiner ersten Erinnerungen an bis zu seinem elften Lebensjahr. Es sind Geschichten des Herauswachsens aus der vollkommenen Unbefangenheit des Kindseins, des Hineinwachsens in die Adoleszenz und die Welt der Erwachsenen ohne dort noch angekommen zu sein. Das alles eingebettet in die Wirtschaftswunder-Aufbruchsstimmung, einer Zeit, die die gleichen Erfahrungen machte wie dieses

Kind: heraus aus der Enge der Nachkriegsära und auf dem Weg hinein in die Hochkonjunktur. Die Schwarz-Weiß-Sicht eines Kindes ohne die Kenntnis der vielen Graustufen des Lebens als Sinnbild für die Sicht der Welt jener Zeit.

Der Weg des Kindes führt von Aspern, einem damals noch sehr ländlichen Vorort von Wien, auf „die Kreta“, eine der verrufensten Gegenden der Stadt. Aspern und die Kreta als Marksteine auf dem Weg der langsamen Reifung des Kindes werden zu Metaphern für den Weg heraus aus der liebevollen und heimeligen Welt, die die Eltern dem Kind auf seinen Weg mitgeben wollten, hinein in die Wirklichkeiten des Lebens. Genauso sind sie auch Metaphern für die zu Ende gehende fast biedermeierliche Lollypopzeit der fünfziger Jahre und die herandämmernde neue Zeit mit Popkultur, Vietnamkrieg und der 68-er-Bewegung.

Dass ich selber der Protagonist der Erzählungen bin, spielt auf dieser Reise keine große Rolle mehr, ist aber wert zu erwähnen. Wer sich in der einen oder anderen Form selbst wiederfindet – gleich ob als reale Person der Geschichten oder im übertragenen Sinne - dem sei dieses Buch gewidmet.

Die Geschichten und die darin vorkommenden Personen sind real. So real, wie sie in meine Erinnerung eingebrannt sind, was nicht bedeutet, dass sich alles tatsächlich so und nicht anders zugetragen haben muss. Ich habe nur einige Namen, insbesondere jener Personen, die ich etwas kritischer betrachtet und durch Zeit und Umstände längst aus den Augen verloren habe, verändert.

Viele der handelnden Personen sind bereits verstorben. Jeder und jedem dieser Verstorbenen, die auf die unterschiedlichste Art und Weise Begleiter auf meinem frühen Lebensweg waren, gilt mein Dank für das, was sie mir gegeben, mir mitgegeben haben. Ganz besonders gilt das natürlich für meine Eltern Johanna (1922 – 1982) und Friedrich Herzog (1922 – 1975).

Aspern

Aspern ist jener Ort, an dem ich den Großteil meines bisherigen Lebens verbracht habe. Ich bin in Aspern geboren. Genau gesagt nicht in Aspern, sondern im Sanatorium Hera, aber das war nur die Stätte, an der meine Mutter von mir entbunden wurde. Gelebt habe ich in Aspern. Von meiner Geburt an bis 1959. Später wieder von 1975 bis 2005 – aber das gehört nicht hierher und ist eine andere Geschichte. Erzählen will ich von der Zeit von 1955 bis 1959, wobei ich, da die ersten Jahre meines Lebens in der Dunkelheit der frühkindlichen Entwicklung verborgen sind, nur auf die kurze Zeit meines bewussten Erlebens in Aspern zurückgreifen kann.

Mein Elternhaus war also in Aspern. Genauer gesagt – „echte" Asperner, so es die heute noch gibt, werden mich an dieser Stelle sofort korrigieren – nicht in Aspern, dem Ort, dem Dorf zwischen Heldenplatz, Siegesplatz und Großenzersdorferstraße, sondern in der Stadtrandsiedlung.

Es war die dritte und vierte Stadtrandsiedlung. Erbaut in den dreißiger Jahren des 20. Jahrhunderts als Selbsthilfeprojekt für die Arbeitslosen jener Zeit. Mein Großvater – ich nannte ihn „Opapa" - war ein solcher. Die Bezeichnungen Aurikel- und Enzianweg, sowie Hagedorn-, Reseda- und Lavendelweg erhielten sie erst viel später. Die alten Siedler – sie bezeichneten sich selbst tatsächlich als solche – sprachen nur von „der Dritten", wenn sie die beiden erstgenannten Wege der Stadtrandsiedlung und von „der Vierten", wenn sie die drei letztgenannten Wege meinten. Meine Großeltern und Eltern wohnten am Resedaweg, also auf „der Vierten". Wo die „Erste" und „Zweite" war, weiß ich nicht, jedenfalls nicht in Aspern.

Die Stadtrandsiedlung liegt nördlich von Aspern zwischen der Pilotengasse und der Ostbahn, östlich, aber etwas abseits der Hausfeldstraße, und reicht fast bis zum ehemaligen Flughafen. Sie war damals ein eigener Mikrokosmos. Losgelöst und weitgehend autark vom Asperner Ort. So gab es „An den alten Schanzen“, jener Gasse, die „die Dritte“ von „der Vierten“ trennt, ein Wirtshaus mit Fleischerei an der Ecke zum Resedaweg und zwei Lebensmittelgeschäfte. Die Bezeichnung Greißlerei ist in diesem Zusammenhang treffender, denn es handelte sich um winzige Holzhütten, wo es zu kaufen gab, was die Siedler so täglich brauchten: alles von der Milch bis zur Schmierseife und von der Extrawurst bis zur Spagatschnur. Eine Greißlerei, die größere, die der Frau Losan gehörte, war gegenüber dem Wirtshaus in einer grün gestrichenen Holzbaracke. Die andere an der Ecke zum Hagedornweg. Diese gehörte der Frau Mittag, weshalb manche zu „An den alten Schanzen“ auch „Mittagstraßl“ sagten. Meine Großmutter kaufte bei der Frau Mittag ein; meine Mutter bei der Frau Losan. Ich denke, dass das unterschiedliche Kaufverhalten der beiden Frauen auch mit den Konflikten der beiden zusammenhing. Vielleicht auch, weil man bei der Frau Mittag anschreiben lassen konnte, also einkaufen und später, wenn man wieder Geld hatte, bezahlen. Bei meiner „Omama“ war das, so glaube ich mich zu erinnern, regelmäßig der Fall.

Angeblich war sogar der Bau einer Kirche geplant, aber dazu kam es nie. Die Siedler, fast alle Sozialisten oder Kommunisten, hätten die auch nicht besucht. Die Kirche blieb also im Dorf, dort, wo sie heute noch ist, hinter dem Asperner Löwen, der an den ruhmreichen (?) Sieg Erzherzog Karls über Napoleon erinnern soll.

Außer Wirtshaus, Greißler und Fleischer war nichts in der Stadtrandsiedlung. Arzt, Apotheke, Schule, Kirche und die verkehrsmäßige Anbindung an Wien waren in Aspern Ort. Dort fuhr die Straßenbahnlinie 317, die Kagran mit Großenzersdorf verband. Wollte man also in die Stadt fahren, musste man nach Aspern gehen. Das war ein Fußweg von etwa zwanzig Minuten. Wenn meine Mutter mit mir diesen Weg ging, dauerte es sicher länger. Der Weg war eine einzige Langeweile. Der schon weite Weg den Resedaweg hinunter zu den alten Schanzen und dann noch weiter über den Enzian- oder Aurikelweg, je nachdem wohin der Weg führen sollte, schien mir endlos zu sein. Zum Einkaufen oder zum Arzt über den Enzianweg. In die Kirche, den Kindergarten oder zur Straßenbahnhaltestelle des 317-ers über den Aurikelweg. Letzterer war besonders im Winter, wenn von dem zwischen der Hausfeldstraße und dem Aurikelweg liegenden Feld her ein eisiger Wind blies, besonders unangenehm. In der Mitte des Enzianweges war auch eine Telefonzelle. Wollte meine Mutter telefonieren, was selten, aber doch gelegentlich vorkam, mussten wir bis dorthin gehen.

Weil der Weg so lang war, fuhren viele mit dem Rad. Auch meine Mutter. Ich hatte einen Kindersitz. Der Kindersitz bestand aus einem Sitzblech, welches seitlich und hinten mit Draht eingefasst war, um einen halbwegs sicheren Sitz zu gewährleisten. Am Blech war ein kleiner Polster zum Schutz gegen die Kälte. Befestigt war der Sitz am Gouvernal, also an der Lenkstange des Fahrrads.

Im Vergleich zur abgeschiedenen Kargheit der Stadtrandsiedlung war der Ort Aspern, was seine Infrastruktur betrifft, deutlich besser aufgestellt. Kagran war wieder besser dran als Aspern, und von Kagran, wo der 317-er seine Endstelle hatte, führte der 25-er direkt zum Praterstern und damit in die Stadt. Fuhr man mit dem 317-er stadtauswärts Richtung Eßling, Englischfeld und Großenzersdorf, wurde alles wahrscheinlich noch karger. Die Kilometer der Entfernung von der Stadt konnten als Gradmesser für das Absinken der Infrastruktur gelten. Doch darüber machten sich die Siedler keine Gedanken und ich, als Kind, schon gar nicht. Es war einfach so. Punkt.

In Aspern gab es also schon ein wenig mehr als in der Stadtrandsiedlung. Wie erwähnt, die Kirche, als Kontrapunkt dazu aber auch ein Sektionslokal der SPÖ mit einem Konsum. Wem der Konsum zu proletarisch oder sozialistisch war, schließlich war Aspern damals noch sehr ländlich dominiert, kaufte gegenüber beim Kaufhaus Hummel. Dazu gab es eine Volksschule am Asperner Heldenplatz und eine Hauptschule in der Oberdorfstraße, ein Fischgeschäft, mehrere Wirtshäuser und vieles, woran ich mich nicht mehr erinnere. Zwei Ärzte gab es auch. Auch hier ging meine Großmutter zum einen, meine Mutter zum anderen. Ob aus Tradition oder aus besagter Konkurrenz zwischen den beiden Frauen oder weil der eine schon älter und der andere jünger war, weiß ich nicht.

Das Banale an Aspern hatte aber auch zwei aus dieser Banalität hervorschillernde Besonderheiten. Die eine ist die Schlacht von Aspern, auf deren historische Bedeutung, respektive Bedeutungslosigkeit ich mangels historischen Wissens nicht näher eingehen will. Der Ort ist jedoch voll von Erinnerungen daran. Den Löwen von Aspern, dessen mächtiger, von einem Schwert durchbohrter Körper meine kindliche Fantasie in besonderem Maße anregte, habe ich bereits erwähnt. Daneben erinnern alle möglichen Gassennamen an die Schlacht und an alle möglichen Offiziere, die an der Schlacht teilgenommen haben.

Die andere Besonderheit, welche mich als Kind wesentlich mehr in ihren Bann zog, war der Flughafen. Zu der Zeit meiner Erinnerung war der Asperner Flughafen nur mehr den Sportfliegern vorbehalten. Da unser Haus am Resedaweg direkt in der Verlängerung der Landebahn lag, flogen alle landenden Maschinen immer über unseren Garten. Meist einmotorige Sportmaschinen, Cessnas, aber auch Segelflugzeuge, die zuvor von einer Zugmaschine in die Höhe gezogen wurden, von wo sie, Kreise ziehend, möglichst lang in der Luft bleibend, wieder zur Landung ansetzten. Eine Besonderheit war eine feuerrote Doppeldeckermaschine, die über dem Flughafen ihre atemberaubenden Loopings zog, dann wieder den Motor aussetzend vom Himmel trudelte, um im buchstäblich letzten Moment durchzustarten und sich erneut in die Höhe schraubte, um von Neuem Kunststücke in die Luft zu zeichnen. Und es gab die Fallschirmspringer, die von Flugzeugen mit ausgehängter Seitentüre aus großer Höhe über dem Flughafengelände absprangen. Je nachdem, wie spät ein Springer den Schirm öffnete, war die Spannung hoch oder gering. Als kleiner Bub waren es aber mehr die bunten Schirme, die mich ansprachen. Einmal im Jahr fand am Flugplatz ein Autorennen statt, da heulten ein ganzes Wochenende die Motoren der Rennautos anstatt der Flugzeuge. Sehen konnte ich sie nie, nur hören. Meine Eltern wären mit mir dort nicht hingegangen.

Aufgelassen wurde der Flugplatz 1977, zu einem Zeitpunkt, als ich schon wieder in Aspern lebte. Aber da interessierten mich weder die Flugzeuge noch die Kunstflieger und Fallschirmspringer.

Hochzeit Liesl und Joschi

Meine Mutter war ein spätes Kind ihrer Eltern. Ihre Mutter war bereits weit jenseits der Vierzig, als sie zur Welt kam. Es ist wohl davon auszugehen, dass damals, 1921, als sich die Schwangerschaft einstellte, ihre Eltern überrascht waren, da sie damit nicht mehr rechneten. Nach zwei Mädchen, Maria und Katharina und dem Sohn Leopold, erwarteten sie sicher kein viertes Kind mehr. Schließlich waren seit der Geburt Leopolds bereits sieben oder acht Jahre vergangen. Wie auch immer es war, meine Mutter erblickte am Tag des Frühlingsbeginns im Jahr 1922 als viertes Kind von Leopold und Katharina Manhart das Licht der Welt.

Die Tatsache, dass ihre Geschwister wesentlich älter waren als sie, führte auch dazu, dass die Kinder ihrer beiden Schwestern wiederum wesentlich älter als ich – ein Kind, welches im allgemeinen Sprachgebrauch wohl auch als „Nachzügler" bezeichnet wurde – waren. Die Liesl, die älteste Tochter besagter Katharina, war bereits im heiratsfähigen Alter, als ich selbst noch ein kleines Kind war.

Es muss wohl 1958 oder 1959 gewesen sein, ich war noch sehr klein und ich denke, dass es sich dabei um eine meiner frühesten Erinnerungen, wenn nicht gar der frühesten Erinnerung, handelt: die Hochzeit meiner Cousine Liesl mit dem Josef (Joschi) Schuller.

Meine Tante Katherl und ihr Mann Josef („Peppsch Onkel") führten in Großinzersdorf bei Zistersdorf im Weinviertel ein Wirtshaus mit Fleischhauerei, eigener Schlachtung und einem Viehhandelsbetrieb. Sie hatten sechs Kinder und galten nach damaligen Maßstäben als außerordentlich wohlhabend. Entsprechend wurde die Hochzeit der ältesten Tochter im Ort gefeiert. Meine Mutter hatte zu dieser Zeit wenig Kontakt zu ihrer Schwester und diese und ihre Kinder waren mir damals fremd.

An die Trauungszeremonie in der Kirche und dem, was zu einer dörflichen Hochzeit dazugehört, habe ich keinerlei Erinnerung mehr.

Ich erinnere mich aber an die große Tafel im großen Festsaal des Wirtshauses im ersten Stock über der Gaststube. Der Saal war randvoll mit Leuten. Ich, als kleines Kind, da mitten drin.

Zwei Ereignisse dieser Feier sind mir im Gedächtnis geblieben.

Meine Cousine Liesl, die Braut, in einem weiten weißen Brautkleid. Ein Kleid, wie ich es noch nie gesehen hatte. Lang! Weit! Strahlend weiß und unendlich weiter dichter Tüll! Sie hatte so etwas Erhabenes an sich und sie wirkte auf mich so unendlich froh und glücklich. Diese Frau nahm mich auf ihren Schoß und ich versank in den Unmengen ihres weißen Tülls. Ich war zwar gebannt ob dieser neuen Erfahrung, doch ich spürte ihre Freude und ihr Glück und fürchtete mich nicht.

Meine zweite Erinnerung an dieses Fest bezieht sich auf die im Festsaal zum Tanz aufspielende örtliche Blasmusik. Ich bewunderte die Musiker mit ihren messingglänzenden Instrumenten, Trompeten, Posaunen und vielen anderen mehr. Welch wunderbare und so herrlich laute Töne sie aus diesen Instrumenten zauberten! Am meisten faszinierte mich die große Tuba. Ich baute mich vor dem Tubaspieler auf und beobachtet ihn mit großen Augen, wie er diesem Ungetüm tief dumpfe Töne entlockte. Der Tubaspieler bemerkte meine Faszination. In einer Spielpause wandte er sich mir zu und sagte liebevoll lächelnd: „Soll ich dich da hineinstecken?“ und deutete auf die riesige, trichterförmige Öffnung der Tuba. Gut und gerne hätte ich tatsächlich darin Platz gefunden. Zumindest kam es mir so vor. Ich erinnere mich nicht mehr, wie ich reagierte, aber ich weiß, dass ich mich nicht fürchtete, wie es vielleicht zu erwarten gewesen wäre, sondern, dass ich den Witz verstanden habe und mit dem Tubaspieler mitlachte.

Die Hochzeit war ein schönes Fest und so beginnt die Erinnerung meines Lebens mit einer schönen großen Feier.

Kindergarten

Den Kindergarten besuchte ich nur kurze Zeit. Es war das Jahr 1958/59 und ich habe nur ganz wenige, bruchstückhafte Erinnerungen an diese Zeit. Doch sie gehören zu meinen ersten und frühesten.

Es war der Kindergarten der Pfarre Aspern, jener Kindergarten, den dreißig Jahre später auch meine Kinder besuchten. In der Anfangszeit des Kindergarten-Besuches meiner Kinder, vor dem Umbau und der Erweiterung, hatte dieser noch das Aussehen jenes meiner Erinnerung. Zumindest jenes der Fragmente meiner Erinnerung.

Schemenhaft sehe ich einen kleinen Raum, viele Kinder, von denen ich keinen Namen und kein Gesicht im Gedächtnis behalten habe und zwei Tanten vor mir. Auch deren Gesicht ist in meinem Kopf nicht mehr vorhanden. Geschweige denn deren Namen.

Mittags nach dem Essen mussten wir schlafen. Es gab kleine Matratzen, die auf dem Boden ausgelegt wurden und darauf mussten wir schlafen. Mussten! Allein, ich wollte oder konnte nicht schlafen. So lagen rund um mich im Raum verteilt schlafende Kinder auf den Matratzen und mitten drin ich. Wach! Was macht ein Kind allein und umgeben von Schlafenden? Es wird unruhig, beschäftigt sich mit allem Möglichen, kurzum, und um in der Diktion der Erwachsenen zu bleiben: Es ist „schlimm". Immer wiesen mich die Tanten zurecht doch „brav" zu sein, „Ruhe zu geben" und doch, so wie die anderen Kinder – „die Braven!" – ebenfalls zu schlafen.

So bleiben mir aus dieser Zeit nicht mehr als dunkle Erinnerungen an einen kleinen Raum im Pfarrhaus von Aspern, die sich mit jenen des Raumes des Kindergartens meiner Kinder mischen und dem Zwang, mittags schlafen zu müssen, ohne schlafen zu wollen und zu können; das alles verbunden mit den Schelten der Tanten, wenn ich nicht, der Ordnung entsprechend, ruhig und brav war.

Als wir im September des Jahres 1959 in unsere neue Wohnung nach Favoriten übersiedelten, verließ ich den Kindergarten. Dort haben mich meine Eltern nicht mehr in einen Kindergarten gegeben. Als Kind habe ich dem keine Bedeutung zugemessen. Heute bedaure ich es. Es hätte mir sicher gut getan und hätte meine kindliche Entwicklung mehr gefördert als das Leben nur mit meiner Mutter ohne viel Kontakten zu gleichaltrigen Kindern.

Nikolo

Frau Höhne war eine fromme alte Frau. Alleinstehend. Ob verwitwet oder nie verheiratet, ist mir nicht bekannt. Jedenfalls war sie damals in der Pfarre Aspern hochaktiv und überall dabei. Als Pfarrfaktotum würde ich sie heute bezeichnen, ebenso liebenswürdig wie allgegenwärtig. Sie wohnte in einem Siedlungshaus unweit des unseren am Enzianweg.

Zu der Zeit, es war das Jahr 1958, erhielt der alternde Asperner Pfarrer Frana einen jungen Kaplan zur Hilfe. Die großen Ministranten, zu denen auch mein Bruder gehörte, beschrieben den neuen mit den Worten „der neue Kati (Katechet) ist zwei Meter groß". Die zwei Meter waren zwar maßlos übertrieben, denn so groß war der neue Kaplan denn doch nicht. Aber immerhin, er war von erstaunlicher Größe und überragte selbst die größten Burschen der Pfarre. Später sollte er selbst Pfarrer in Aspern werden. Ein Amt, welches er gut dreißig Jahre ausübte und aus welchem er erst in den Neunzigerjahren mit Hilfe eines aufmüpfigen Pfarrgemeinderates vertrieben wurde. Letztendlich war er eine liebenswerte, aber doch traurige Figur. Stattlich groß, aber zu Depressionen neigend und für eine moderne – soweit das eben geht – Pfarrgemeinde nicht mehr geeignet.

Vom Pfarrkindergarten, den ich besuchte, wurde eine Nikolofeier organisiert. Nicht in den Pfarrräumlichkeiten und auch nicht im angeschlossenen Kindergarten, sondern im Haus der Frau Höhne.

Dort gingen wir, meine Mutter, mein Bruder und ich hin. Große Aufregung unter uns Kindergartenkindern. Das Haus war klein und es musste wohl ein ziemliches Gedränge geherrscht haben. Doch war ich zu aufgeregt um auch nur irgendetwas an äußeren Einflüssen wahrnehmen zu können.

Und da kam er schon. Der heilige Nikolaus persönlich. Ich weiß nicht mehr, wie er bekleidet war und wie er aussah. Ich weiß nur, dass er riesengroß war (zwei Meter?) und eine Ehrfurcht gebietende Erscheinung. Verblüffend, was er über mein Tun oder Nichttun im Kindergarten alles wusste. Alles zählte er auf. Alles, was ich im Kindergarten angestellt hatte und noch mehr. Woher wusste der das alles? Klar! Er ist ja der heilige Nikolaus! Ich wurde immer kleiner und der Nikolo immer größer und größer (größer als zwei Meter?). Ich blickte vor Scham zu Boden und sah nur mehr die großen schwarzen Schuhe des Nikolos. Die großen schwarzen Schuhe, an die kann ich mich erinnern. Die großen schwarzen Schuhe eines zwei Meter großen Nikolos. Mehr blieb mir nicht von dieser Feier.

Ich war für den Moment ehrfürchtig erschrocken. Beeindruckend war es aber nicht, denn ich blieb im Kindergarten so wie ich war.

Die Familie Kohut

In unserem Nachbarhaus in Aspern lebte die Familie Kohut. Ein alter Mann, der alte Herr Kohut, war Tischler. Er arbeitete bis zu seiner Pensionierung als Haustischler bei der ÖMV, die irgendwann später im Zuge der Internationalisierung und Globalisierung ihre Ö-Stricherl verlor. Eine Kommode, die er für meine Großeltern anfertigte, die zunächst in deren Küche und später, nach deren Ableben, im Schuppen stand, zeugte vom tischlerischen Nicht-Talent des alten Herrn Kohut. Seine Frau, mit der er einen Sohn, den jungen Herrn Kohut, und eine Tochter hatte, starb, so wurde berichtet, in den letzten Tagen des Zweiten Weltkrieges an irgendeiner Krankheit. Das Begräbnis fand schnell-schnell, während eines Fliegerangriffes der damals immer näher rückenden Alliierten, statt.

Um seinen Haushalt zu führen und sich um die noch kleinen Kinder zu kümmern heiratete er ein zweites Mal. Nur diese Frau, für mich die alte Frau Kohut, kannte ich und sie ist mir gut in Erinnerung. Sie war immer alt. Nie war sie anders als alt. Sie hatte einen Buckel, für den es damals immer irgendeine Ausrede gab. Ein unachtsames Kindermädchen oder Geschwisterchen oder sonst jemand war an diesen zahlreichen Buckeln meiner Früherinnerung schuld. Meist war das Kind beim Wickeln vom Tisch gefallen. So sagte man. Diese Begründung musste für jede körperliche Missbildung herhalten. Die alte Frau Kohut hatte also einen Buckel. Und sie *böhmakelte*, schließlich kam sie aus der Tschechoslowakei. Und sie war Analphabetin. Einmal, als die Verpackung des Zuckers sich änderte – damals änderten sich Verpackungen selten – bat sie meine Mutter ihr ein Kilo Zucker zu kaufen, damit sie wisse, was sie beim nächsten Mal im Konsum in Aspern, der damals gerade zu einem Selbstbedienungsladen umgestaltet worden war, aus dem Regal nehmen solle. Im Konsum zu fragen schämte sie sich, denn es sollte tunlichst niemand wissen, dass sie nicht lesen konnte. Meiner Mutter aber vertraute sie. Wie alle tschechischen Köchinnen konnte sie die wunderbarsten Mehlspeisen zubereiten. Die Rezepte hatte sie alle im Kopf, denn lesen konnte sie ja nicht. Und es waren viele Rezepte. Immer wieder gab es Kostproben. Ihre Kuchen, ihre Kekse, Nussschnecken und noch vieles mehr, an das ich mich gar nicht mehr alles erinnere, waren von hervorragender Qualität. Besonders ihre Germteigkuchen schmeckten mir. Aber auch Ölkuchen („*Ehlkuchn*“) und Dinge, die ich nie vorher und nie nachher in dieser Klasse gegessen habe, sind mir in Erinnerung.

Im hohen Alter wurde der alte Kohut schwer dement. Seine Lieblingsbeschäftigung war es, den ganzen Tag mit einem Besen zu kehren. Dabei war es gleich, was er kehrte. Am liebsten die Wiese. Sprach man ihn an erzählte er Unzusammenhängendes von seiner Zeit als Soldat der k.u.k.-Armee („*damals bein ka un ka, natierlich, da hamma ...*“ und dabei machte er eine Handbewegung, wie er ein Glas Wein leerte). Manchmal erzählte er auch von „*Madln*“ und grinste dabei ganz verschmitzt. Sprach man mit ihm über seine Frau, die alte Frau Kohut, so konnte er trotz seiner Verwirrtheit sehr bestimmt feststellen: „Das ist nicht meine Frau!“ Er hatte seine erste Frau auch in seiner Demenz nicht vergessen. Die zweite Frau war seine Dienstfrau, die er zwar geheiratet hatte, die ihm aber nie eine Frau wurde. Die Klarheit, mit der er das aussprach, kann ein Mensch, der nicht in diesem Zustand der Demenz ist, wohl nie erreichen. Erst das geistige Hinüberdämmern bringt die vollen Wahrheiten hervor, die wir uns bei klaren Sinnen nicht auszusprechen getrauen, ja nicht einmal zu denken wagen.

Der Sohn des alten Herrn Kohut wohnte im gleichen Haus. Er war Briefträger – ein Postler. Irgendwann, so erzählte man mir später, zeugte er mit einer seiner Freundinnen, die damals gerade sechzehn oder siebzehn Jahre alt war, ein Kind. Einen Sohn, den Fredi. Wie es damals notwendig war, heiratete er das junge Mädchen. Das war dann die junge Frau Kohut. Ein quirliges junges Mädchen, das immer in Gesellschaft war und der Leben und Partys über alles gingen. Als der Fredi groß genug war, verließ sie ihren Mann und suchte neues Glück. Ich denke, sie hat es gefunden, denn der junge Herr Kohut konnte mit ihrer Energie nicht mithalten.

Der Fredi, das Kind der beiden jungen Kohuts, war nur etwa zehn Monate jünger als ich. So wurde er zu meinem ersten Freund und Spielpartner. Damals gab es zwischen den Gärten noch keine Zäune. Die gab es nur gassenseitig. Die fehlenden Zäune machten es uns zwei kleinen Buben leicht zum anderen spielen zu gehen. Für mich hatte mein Opapa eine Sandkiste gebaut. Die war unser erster Spielplatz. Später war es dann die Tischlerwerkstatt seines Großvaters, des alten Herrn Kohuts und noch später die leicht zu erkletternden Marillen- und Pfirsichbäume. Für die Zwetschken-, Kirsch- und Nussbäume waren wir noch zu klein.

Als wir von Aspern wegzogen, verlor sich der Kontakt nur langsam. Jeder Besuch bei meinen Großeltern war aber mit Spielen mit Fredi verbunden.

Erst viel später, als wir beide in die Pubertät kamen und Fredi ein immer wilderes Leben zu führen pflegte, verloren wir uns. Er trainierte Judo und war darin, so glaube ich, auch recht erfolgreich. Er begann ein Biologiestudium und engagierte sich in der Antiatomkraftbewegung. Mir als Studenten der Betriebswirtschaft mit meinen hochfliegenden Plänen in Wirtschaft und Management war diese Welt unverständlich fremd.

An einem schneereichen kalten Tag im Jänner 1977, wir wohnten zu diesem Zeitpunkt schon wieder in Aspern, kam die alte Frau Kohut weinend zu uns und erzählte, dass der Fredi („*de Buh*“) einen schweren Autounfall hatte. Er war am frühen Morgen am Weg nach Hause auf der engen Langobardenstraße ungebremst in einen Milchwagen gefahren. Zwei Tage später starb der Fredi, mein erster Freund aus der Sandkiste.

Der Awawah

Das 19. Jahrhundert war die Zeit der Freak Shows. Das voyeuristische Zurschaustellen von Menschen mit den absonderlichsten körperlichen Missbildungen, Behinderungen und körperlichen Mängeln war Höhepunkt so manchen Jahrmarktes. Eine Mischung aus Grauen und Spott, deren Grenze oft nicht feststellbar ist, zog die Massen an. In Zeiten, die sich Menschenrechte und Menschenwürde auf ihre Fahnen heften, sollte das der Vergangenheit angehören. Und gerade da, wo die Vergangenheit noch nicht allzu lange vergangen war, als Menschen, welche nicht einem staatlich definierten Idealbild entsprachen, unwertes Leben genannt wurden. Doch, so scheint es mir, das tiefste Innere der Menschen verändert sich langsam, wenn es überhaupt je von der Stelle kommt. Gesetze und Regelungen greifen dafür nicht. Ethik oder Moral helfen auch nicht weiter. Sie erreichen die Tiefe der Seele nie wirklich. Wegsehen und Gaffen sind Kinder derselben Eltern und der Spott ist ihr Vetter.

* * *

An den alten Schanzen, jener Gasse, die die Hausfeldstraße mit dem Asperner Flugfeld verbindet, standen, kurz vor der Hausfeldstraße, tief in weitläufigen Gärten versteckt zwei oder drei Einfamilienhäuser. Diese gehörten nicht zur Stadtrandsiedlung und ich glaube auch, dass die Bewohner dieser mit jenen keinen oder so gut wie keinen Kontakt hatten. Diese etwas abseits gelegenen Häuser lagen auch in einer leichten Bodensenke, was sie noch etwas geduckter erscheinen ließ, als sie ohnehin waren. Angeblich, so erzählte man mir, war an dieser Stelle einmal eine Lacke oder ein kleiner Teich, möglicherweise ein Rest eines der Seitenarme der Donau, die bis zur Regulierung der Donau bis nach Aspern reichten. Ob die Lacke versickert und ausgetrocknet ist oder irgendwann zugeschüttet wurde, um Acker- oder Bauland zu gewinnen, weiß ich nicht.

Dort an den alten Schanzen lebte ein alter Mann oder zumindest erschien er mir als Kind als solcher. Ich weiß nicht einmal, ob er wirklich in einem dieser Häuser lebte oder ob er sich nur häufig dort aufhielt. Egal. Meine Erinnerung an sein Aussehen ist nur mehr ungenau. Groß, jedenfalls von stattlicher Größe, schlanke hagere Figur und in verlumpter Kleidung. So sehe ich ihn vor mir.

Und er war taubstumm. Eine entsprechende Ausbildung, die ihm Grundbegriffe verbaler Kommunikation gelehrt hätte, hatte er anscheinend nie erhalten. Wahrscheinlich ließen es die Lebensumstände seiner Eltern und die Zeit, in welche er hineingeboren wurde, nicht zu.

Dieser Mann, der nicht reden konnte, nie reden gelernt hatte und nur unartikulierte Laute von sich geben konnte, wurde deshalb zum Gespött der Kinder. Der größeren Kinder. Ich selbst war noch zu klein, um bei diesem Gespött mitmachen zu können. Das Glück der späteren Geburt befreite mich von der Möglichkeit des Mitspottens, ich kann aber nicht ausschließen es selbst getan zu haben, wäre ich um einige Jahre früher geboren. Die Kinder verspotteten ihn und hielten ihn zum Narren. Er, der sich nicht anders gegen das Gespött zu helfen wusste, reagierte mit hilfloser Aggression und gab dabei Laute von sich, die phonetisch so ähnlich wie „ahwahwah" klangen. Die Kinder riefen „awahwah" und liefen um ihn herum. Natürlich waren die Kinder flinker als der alte taubstumme Mann, der ihnen hilflos ausgeliefert, mit den Armen zornig fuchtelnd und „ahwahwah" rufend, niemals nahe kommen konnte.

Da anscheinend niemand wusste, wie der Mann wirklich hieß, wurde er nur „der Awawah" genannt. Nicht nur die Kinder nannten ihn so. Auch die Erwachsenen, wenn sie von ihm sprachen. Keinem kam es in den Sinn, dass es sich dabei um einen Spottnamen handelt. Kein Kind wurde zurechtgewiesen, wenn es ihn so nannte. Der arme Taubstumme diente dem Gaudium. Niemand tat etwas dagegen. Niemand nahm ihn in Schutz. Er war für alle nur „der Awawah“.

Ich weiß nicht, woher er kam und wohin er gehörte. Nachdem wir aus Aspern weggezogen sind und ich nur mehr auf Kurzbesuche zu meinen Großeltern kam, sah ich ihn nie wieder. Ein einsames trauriges Leben, dem Gespött der Menschen ausgeliefert, wird irgendwann geendet haben.

Im AKH

Kinderkrankheiten nimmt man als Kind nicht wahr. Man bemerkt sie erst an den eigenen Kindern oder dann, wenn sie einen selbst als Erwachsener ereilen. Dann sind sie eine Störung des gewohnten Alltags. Ich weiß nicht, ob das Allgemeingültigkeit hat, aber zumindest mir scheint es so und es entspricht meinen Erfahrungen. Ich kann mich an keine Krankheit aus der Zeit meiner Kindheit erinnern. Sehr gut hingegen an Krankheiten meiner Kinder. Und erst recht an jene Feuchtblattern, die ich selbst erst im Alter von siebenunddreißig, dann aber in voller Wucht, bekam.

Es scheint eines der Privilegien des Kindseins zu sein, Krankheiten als Teil des Lebens, des So-Seins anzunehmen und sie nicht für so wichtig zu erachten. Kinder leben damit und nehmen sie als etwas Selbstverständliches an. Das ist gut so. Wie in vielem könnten wir hier von den Kindern lernen, dass nicht jeder Schnupfen oder Husten oder ein Zwicken da oder dort ein Unglück ist. Wären wir hier gelassener, ersparten wir uns eine Menge Leid und der Krankenkasse eine Stange Geld. Die Wartezimmer der Ärzte wären leerer und blieben denen vorbehalten, die ein wirkliches Leiden haben.

Wenn mir also später meine Mutter erzählte, dass ich als Kind häufig unter Mittelohrentzündungen litt, so habe ich dieses Wissen ausschließlich aus ihren Erzählungen und habe selbst keine Erinnerung daran. Dabei ist doch gerade eine Mittelohrentzündung eine besonders unangenehme und schmerzhafte Erkrankung. Nichts davon ist in meinem Gedächtnis. Kein Fieber, keine Bettlägrigkeit, keine Schmerzen im Ohr. Nichts! Es war mir, so scheint es, nicht wichtig. Es war so, wie es ist. Ein mit dem Schicksal und dem Leid Hadern gab es nicht. Vielleicht werden Kinder auch deshalb rascher wieder gesund als Erwachsene, weil sie ihre Energie in den Heilungsprozess stecken können, anstatt sie sinnlos mit Hadern über das Schicksal zu vergeuden.

Jedenfalls war ich so oft krank, dass der von meiner Mutter zugezogene Arzt die Entfernung meiner Mandeln empfahl.

So wenig ich als Kind die inneren Krankheiten als wichtig wahrgenommen habe, so stark habe ich auf äußerliche Veränderungen reagiert. Der Verlust der äußeren Umgebung war einschneidender als der der inneren Gesundheit. Die Präsenz der Mutter ist wichtiger als die Präsenz der Krankheit.

Ich mag vielleicht vier oder fünf Jahre alt gewesen sein, als ich zur Mandeloperation ins Spital kam. Da meine Mutter bis vor meiner Geburt als Krankenschwester im Allgemeinen Krankenhaus, im AKH, tätig war und sie dorthin noch einige Kontakte hatte, brachte sie mich dorthin. Zwar war sie auf der Dermatologie – „der Haut“, wie sie es nannte, beschäftigt, aber ihre Kontakte dürften doch ein wenig weiter gereicht haben und so kam ich eben ins AKH.

Durch ein Tor gelangte man in den inneren Burghof des AKH. Ja, burggleich wirkte das Spital auf mich. Ein Burgtor, durch das man von der Außenwelt der Gesunden in die weiten Höfe des Areals der Kranken gelangte. Ruhige Geschäftigkeit herrschte in den Höfen. Weite einstöckige Häuserfluchten reihten sich aneinander und – mag es auch meiner Fantasie entspringen – habe ich rückblickend so eine dunkle Erinnerung an den Chloroformduft, der nebelgleich in den Höfen lag. Das Innenleben der Gebäude war die konsequente Fortsetzung des Äußeren. Endlose weite weiße Gänge und große Krankenzimmer. In eines dieser Zimmer kam ich.

Irgendwann war meine Mutter weg. Ich war allein. Einsam. Allein. Verlassen.

Die nächste Erinnerung ist ein weiß gekachelter Raum mit einer großen Lampe und chromblitzenden Instrumenten am Tisch. Freundlich geschäftige Krankenschwestern und ein Mann im weißen Kittel. Auch der freundlich. Irgendwer stülpte mir eine Maske über Mund und Nase. Ich habe keine Erinnerung an den Geruch, aber ich habe eine an meine Angst, keine Luft zu bekommen und ersticken zu müssen. Fremdes einzuatmen und hilflos diesem fremden Gas, dieser Nichtluft, ausgesetzt zu sein erzeugte mir ein Gefühl von Angst und Panik. Ähnlich müssen die letzten Gefühle eines Bauern im CO_2-verseuchten Weinkeller oder Silo sein. Rasch war die Angst vorbei und ich versank in die Dunkelheit.

Meine nächste Erinnerung sieht mich erst wieder im Bett des Krankenzimmers hüpfend, als mich eine Schwester rügte, ich solle doch ruhig sein, wie die anderen Kinder im Zimmer, die alle brav in ihren Betten lagen.

Ich weiß auch noch von meiner Freude, als meine Mutter das Krankenzimmer betrat und ich wieder nach Hause durfte. Mittelohrentzündung, so wieder die Erzählung meiner Mutter, hatte ich danach keine mehr.

Übersiedlung

Das Leben in Aspern war für meine Eltern und ganz besonders für meine Mutter nicht einfach. Die Mutter meines Vaters, meine Großmutter, oder „Omama“, wie ich sie nannte, war eine ob ihrer Bösartigkeit gefürchtete Frau. Sie war bös, so erzählte mir später meine Mutter gern und ließ keine ihrer Schlechtigkeiten aus. Aber das ist eine andere Geschichte. Ich nannte sie eben – wie gesagt – „Omama“ und nicht „Oma“, wie es andere Kinder tun. Ihren Mann, den Stiefvater meines Vaters nannte ich auch „Opapa“ und nicht einfach „Opa“. Das war eben so in unserer Familie. Für mich waren Mutter und Vater auch nicht „Mama und Papa“, wie doch meistens Kinder zu ihren Eltern sagen, sondern „Mutti und Vati“. Andere Familien, andere Sitten, könnte man sagen und eben auch andere Namen. War es wirklich die größere Distanz, die das in meinen Ohren liebevollere „Mama und Papa“ durch das distanziertere „Mutti und Vati“ ersetzen ließ? Ich weiß es nicht und werde es auch nie wirklich wissen. Ahnen vielleicht, aber nicht wissen. Aber immerhin verwendete ich die mit einem angehängten „i“ verkürzten Bezeichnungen. Vielleicht interpretiere ich auch zu viel hinein in Dinge, die mir heute so erscheinen, ohne dass sie tatsächlich so waren, wie ich sie mir heute vorstelle.

Egal und wie auch immer die Wahrheit war, das Leben meiner Eltern in Aspern war schwierig. Meine Eltern und ich – damals noch Säugling und Kleinkind – lebten auf wenigen Quadratmetern in zwei winzigen Zimmern in der Mansarde im Haus meiner Großeltern, eben besagter „Omama und Opapa“. Da ich viel später, in den Siebzigerjahren, diese Mansarde wieder bewohnte, weiß ich, wie ungemütlich die Räume wegen ihrer mangelnden Isolierung waren. Im Sommer oft unerträglich heiß und im Winter bitterkalt. Ich erinnere mich, einmal morgens bei zwei

Grad aufgewacht zu sein. Da verstand ich, wenn meine Mutter erzählte, dass im besonders strengen Winter 1956 – ich war gerade ein Jahr alt – einmal das Wasser in der Blumenvase gefroren war. Die Enge der Räume, das Klima und die Tatsache, dass es in der Mansarde kein Wasser und natürlich auch keine Toiletten gab, erschwerte das Leben meiner Eltern erheblich. Wasser gab es draußen im Garten am Brunnen und als Toilette ein sogenanntes „Plumpsklo" in den Kübel, das sie sich mit meinen Großeltern teilen mussten. Im Winter, so erzählte mir meine Mutter später, sei der volle Kübel mit den gefrorenen Fäkalien wie ein Gugelhupf auf den Misthaufen gestülpt worden, wo sie des nächsten Tauwetters harrten.

Das Leben meiner Eltern war hart und schwer unter diesen Bedingungen. Aber das alles wäre für sie zu ertragen gewesen, wäre da nicht diese böse Omama gewesen.

Nichts wie weg aus diesem Haus war die Devise meiner Mutter. Weg aus diesen unerträglichen Zuständen und weg von ihrer Schwiegermutter.

Die schwierigste Zeit muss es gewesen sein, als mein Vater beruflich für ein halbes Jahr nach Genua musste. Der Mann, der noch ein wenig ein Puffer oder auch Hilfe im schwierigen Umgang mit der Schwiegermutter war, war weit weg. Sie allein mit mir, einem zweijährigen Kind und meinem Bruder, der damals gerade die zweite oder dritte Volksschulklasse besuchte.

Doch Genua hatte auch sein Gutes. Mein Vater verdiente dort soviel zusätzliches Geld, dass es für meine Eltern möglich war, sich eine eigene Wohnung zu leisten. Wie das war und wie das vor sich ging, daran kann ich mich nicht mehr erinnern. Irgendwann war die Wohnung eben da und ein Kind hinterfragt Dinge, die um es her geschehen, nicht. Sie geschehen einfach. So selbstverständlich es war in Aspern in dieser winzigen Mansarde zu wohnen, so selbstverständlich war auch die Tatsache von einem Tag auf den anderen woanders zu wohnen. In diesem Haus in der Kempelengasse.

Einzig der Vorgang der Übersiedlung selbst hat in meinem Gedächtnis Platz behalten.

Es war im September 1959, aus irgendeinem Grund bilde ich mir ein, es sei der vierte September gewesen, was ich selbstverständlich nicht wissen und woran ich mich auch nicht erinnern kann, als wir endgültig aus Aspern ausgezogen und in den 10. Wiener Gemeindebezirk übersiedelt sind. Es war ein sonniger, warmer Spätsommertag, als meine Eltern die Mansarde räumten und alle Habseligkeiten und die bescheidenen Möbel im Garten zwischenlagerten. So unerklärlich wie mein vermeintliches Wissen um das genaue Datum ist es mir auch, dass ich mich ganz konkret an eine Stehlampe erinnere, die dort am Weg stand und auf den Transport in die neue Wohnung wartete. Diese Stehlampe im Garten sehe ich ganz deutlich vor mir und ich kann wiederum nur vermuten, dass mir die Stehlampe im Garten an diesem sonnigen Tag als besonders absurd erschienen war. Wozu sollte sie dort leuchten?

Ich war im Garten und beobachtete das Treiben, bis der große Lastwagen der Übersiedlungsfirma kam. Und wieder habe ich eine Erinnerung, derer ich mir sicher bin, obwohl ich sie tatsächlich nicht mehr wissen kann: Es war ein Wagen der Firma Kopal, der am Resedaweg vorfuhr und aus dem mächtige Männer ausstiegen und all das Übersiedlungsgut wie es im Garten herumstand in den großen Lkw verstauten.

Mein Bruder durfte hinten auf der Ladefläche des Lastwagens mitfahren. Ich nicht. Ich musste mit meiner Mutter vorne am Beifahrersitz Platz nehmen, dabei wäre ich so gerne mit meinem Bruder und den Männern hinten auf der Ladefläche gesessen. Wo die ganze Zeit mein Vater war, weiß ich nicht. War er zur Arbeit oder saß er auch auf der Ladefläche oder ist er mit öffentlichen Verkehrsmitteln in die neue Wohnung gefahren? An all das kann ich mich ebenso wenig erinnern wie an das Ankommen und den Bezug der neuen Wohnung in der Kempelengasse 2, 5.Stock, Tür 27.

Neudorf

Neudorf, der Geburtsort meiner Mutter ist ein Dorf am Rande der Laaer Ebene. Im Westen, Richtung Laa ist das Land flach und nur leichte kleine Wellen in der Landschaft durchziehen die weite Ebene. Felder, so weit das Auge reicht. Durchbrochen von den Windschutzgürteln, wie sie nach den Grundzusammenlegungen in den sechziger Jahren gepflanzt wurden. Ebenso ist es in Richtung Norden und Süden. Markant im Süden erhebt sich in einigen Kilometern Entfernung der Staatzer Berg oder die Staatzer Klippe, wie ihn die Geologen aufgrund seiner Bedeutung im Urmeer, welches die Ebenen des Weinviertels einst umspülte, nennen.

Einzig im Osten des Dorfes, dort wo sich zuerst der Kellerberg, oder „Köllaberi", wie es in der i-Sprache des Weinviertels heißt, erhebt und in weiterer Folge hinter dem oberen Teich („Teichtl"), dem Friedhof und dem Fußballplatz die Berge des Landmanns in Richtung Zlabern und Falkenstein ansteigen, ist das Dorf von Erhebungen wesentlicheren Ausmaßes begrenzt.

Neudorf ist zwar eine der größeren Ortschaften der Umgebung, trotzdem aber von solcher Bedeutungslosigkeit, dass es zur Einordnung in Telefonbücher und Landkarten mit vollem Namen Neudorf bei Staatz genannt wird, wahrscheinlich damit der inhaltsleere und austauschbare Name „Neu-Dorf" eindeutig identifizierbar wird. Das, obwohl Staatz im Vergleich zu Neudorf ein bedeutungsloses Nest mit nur wenigen Häusern ist. Was so eine geologische Sensation wie diese Klippe doch bewirkt. Oder ist es nur, dass der Name „Staatz" individueller klingt als das beliebige „Neu-Dorf"?

Egal. Es ist der Heimatort meiner Mutter, dort, wo sie geboren ist und wo ihr Vater mit seiner kleinen Wagnerei, einem untergehenden Berufsstand im zwanzigsten Jahrhundert, die Familie so recht und schlecht ernährte.

Der einzige Bruder meiner Mutter, mein „Leopold Onkel“, erlernte noch das Handwerk der Wagnerei, hatte aber das Glück bald nach seiner Rückkehr aus der russischen Kriegsgefangenschaft die Tochter eines großen Bauern zu heiraten, weshalb er auf die Landwirtschaft umsatteln konnte. Das war ertragreicher und die Wagnerei wurde geschlossen. Nur die Werkstatt wurde vom alten Betrieb in den großen Hof, in den er einheiratete, übersiedelt. In Betrieb war sie dann aber nur mehr als Haus-Werkstätte für kleinere Reparaturen, wie sie Haus und Hof erforderten.

Meine Mutter liebte ihren Bruder sehr und besuchte ihn, sooft es nur irgend möglich war. Er war es, der meinen Bruder in den ersten Jahren seines Lebens betreute, ehe es meiner Mutter möglich war, ihn nach Wien zu holen. Zur Fahrt nahmen wir den Personenzug, der vom Südbahnhof bis Laa fuhr. Die letzten Haltestellen vor dem Ziel hat uns meine Mutter fast mantrahaft eingeprägt, um uns die Minuten bis zum Ziel der endlos langen Bahnfahrt zu verkürzen. „Hörersdorf-Frättingsdorf-Enzersdorf---Staatz“ mit kurzer Pause vor, und besonders langer Betonung des „aa“ in „Staatz“. Der Staatzer Bahnhof hatte damals noch jenes ansehnliche Bahnhofsgebäude, wie sie zahlreiche Haltestellen der ehemaligen k.k. österreichischen Staatsbahnen hatten. Erst später riss man dieses schöne Gebäude ab und ersetzte es durch einen lieblos hingestellten Unterstand aus Beton und den Stationsvorstand mit seiner blauen Uniform und seiner roten Kappe durch elektrische Anlagen. Das Betätigen der nahen Schrankenanlage übernahm eine Automatik. So wie es eben an zahlreichen Bahnhöfen zusehends nichts mehr mit der rot-grünen Kelle zu winken, Schranken zu kurbeln und Fahrkarten zu verkaufen gibt. Alles erledigen anonyme Automaten.

Der Staatzer Bahnhof liegt etwa auf halbem Weg an jener Straße, die von Staatz nach Neudorf führt. Dass der Bahnhof trotzdem den Namen Staat trägt, erklärt sich aus dem oben Beschriebenen wie von selbst. Kommt man aus Richtung Staatz, so führt die Straße direkt zum Bahnhof. Hingegen macht die Straße von Neudorf zum Bahnhof kurz vor diesem einen weiten Bogen, wie wenn sie diesen aus Trotz über den Namen „Staatzer Bahnhof" nicht auf direktem Wege, sondern erst nach einem kurzen Abwenden erreichen wollte. Der Grund dieses Umweges ist unklar. Jedenfalls quert die Straße die Bahn nicht direkt beim Bahnhof, obwohl sie auch von Neudorf her dirckt auf diesen zuläuft, sondern erst nach diesem Bogen in mehreren hundert Metern Entfernung. Dort ist auch der Schranken. Und erst von diesem führt die Straße jenseits der Gleise wiederum einige hundert Meter zum Bahnhof.

Der Weg vom Bahnhof bis in der Ort war weit. Schon allein der nicht erklärbare Umweg vom Bahnhof zum beschrankten Bahnübergang und zurück beträgt gut einen halben Kilometer. Manchmal gingen wir zu Fuß. Meistens holte uns aber der Leopold Onkel mit dem Traktor oder später mit seinem Opel Rekord ab. Die Straße vom Bahnhof führt direkt auf den Kirchenplatz, von wo aus sich links und rechts die Ortschaft erstreckt. Der obere und der untere Teil, gekennzeichnet auch durch die beiden Teiche, das obere und das untere „Teichtl", wovon eigentlich nur ersterer die Bezeichnung Teich verdient. Das untere „Teichtl" war eigentlich nur eine kleine von Trauerweiden umsäumte Lacke. Idyllisch zwar, aber doch nur eine kleine Lacke, die später einmal, vermutlich im Zuge einer Dorfverschönerungsaktion in eine Art Park verwandelt wurde.

Der Hof von meinem Leopold Onkel war im unteren Ort, aber noch nahe der Kirche, vielleicht das fünfte oder sechste Haus. Die Hauptstraße entlang stand eine lange Reihe von Maulbeerbäumen. Angeblich plante man während der NS-Zeit eine Zucht von Seidenraupen und pflanzte deshalb diese Maulbeerbäume. Noch ehe die Bäume groß genug und der Seidenspinner seine Arbeit hätte aufnehmen können, war es mit dem NS-Spuk auch schon wieder vorbei. Die Maulbeerbäume blieben und die Früchte auch. Weiße und dunkle Beeren reiften im Sommer. Die dunklen waren schmackhaft. Wir Kinder aßen sie mit Leidenschaft. Die weißen hingegen schmeckten nach nichts. Mutter warnte uns zwar, wir sollen nicht allzu viele davon essen, denn sie enthielten irgendetwas, was uns nicht gut bekomme. Ich weiß nicht, was sie damit meinte und daran gehalten haben wir uns ohnehin nicht.

In der Jauche

Es war ein eigenartiges Gefühl der Minderwertigkeit, welches die Menschen am Land gegenüber den Städtern hatten. In der Stadt war alles schöner, moderner, modischer und jeder Trend, der das Land erreichte, war in der Stadt schon wieder vorüber. So glaubten es die Menschen am Land und vielleicht war es damals auch manchmal so. Die Geschäfte am Hauptplatz in Mistelbach oder Laa waren nun mal nicht mit jenen der Mariahilfer- oder Kärntnerstraße vergleichbar. Woher dieses Minderwertigkeitsgefühl kam, wäre eine eigene Abhandlung wert. Ich vermute es als Relikt aus feudalherrschaftlichen Zeiten, als man noch sagte, dass Stadtluft frei mache. Oder so.

Mit den Buben am Land zu spielen war für mich als Stadtkind eine gefährliche Sache. Meine urbane Unbeholfenheit und Ahnungslosigkeit gegenüber den Gefahren und Fallen eines weitläufigen Bauernhofes wurde von den Buben schamlos ausgenützt. Sie hatten in mir ein williges Opfer ihrer Streiche.

Meinen Bruder, der seine ersten Lebensjahre in Neudorf verbracht hatte und der mit den Gepflogenheiten des Landlebens besser vertraut war, betraf dies nicht. Er durfte auch später, als auch er längst ein Stadtkind geworden war, jedes Jahr im Sommer ein paar Wochen in Neudorf verbringen, bei der Ernte helfen und sich so eine Taschengeldaufbesserung verdienen. Mir wurde dies von meiner Mutter untersagt. Zunächst, weil ich zu klein war und später aus Sorge darüber, dass ich den Gefahren des Landlebens nicht gewachsen sei. Sie hatte recht. Die „Tante Hedi“, die Frau meines Leopold-Onkels, pflegte sich damals und auch später darüber zu belustigen, aber meine Mutter wusste, was sie tat. Ich durfte nie allein nach Neudorf.

Der Hof meines Onkels bestand aus einem vorderen Teil, der die Wohnräume und die Stallungen umfasste, und dem „Hintaus“. Beides war getrennt durch den Stadel. Hintaus war der Gemüsegarten, der Abstellplatz für die verschiedenen Gerätschaften und ein Speicher zum Trocknen des Kukuruz. Hintaus konnte man auch durch eine Seitengasse der Hauptstraße in den Hof einfahren. Daher auch der Name, denn Hintaus war alles, was nicht an der Hauptstraße lag.

Auch die Jauchegrube befand sich dort. Es war eine ausgehobene Grube im Ausmaß von etwa zwei mal vier Meter im Geviert. Wie tief sie war, war nicht zu erkennen, denn etwa einen halben Meter unter dem Grubenrand waberte eine bräunliche Flüssigkeit. Geruch entströmte ihr nicht. Zumindest nicht mehr als die Vielzahl der anderen mir fremden Gerüche des Bauernhofes und in jedem Fall nicht so, dass es sich olfaktorisch in mein Gedächtnis eingeprägt hätte.

Ich spielte mit meinem Cousin Leo, der ein Jahr älter als ich ist, und einigen seiner Freunde Verstecken, Räuber und Gendarm, erkundeten den Dachboden, wo die zahlreichen Katzen ihren noch zahlreicheren Nachwuchs vor dem Abschlagen solange schützten, bis das Morden der Kätzchen niemand mehr übers Herz brachte. Wir sprangen im Stadel von den Dachsparren tief hinunter ins weiche Stroh. Spiele voller Abenteuer und voll Neuem, Spannendem und mit einem Hauch verwegener Gefährlichkeit.

Irgendwann waren wir alle Hintaus. Dort, wo uns niemand sah. Leo, der das Kommando führte, nicht nur als Sohn des Hofbesitzers, sondern als besonders verwegener und abenteuerlustiger Kerl, kam auf die Idee, dass wir doch alle gemeinsam in die Grube springen könnten. In jene Jauchengrube mit der bräunlich wabernden Flüssigkeit. Alle waren begeistert. Ich selbstverständlich, als Epigone der Buben mit dem Verlangen ihnen um Nichts nachzustehen, auch. Die Sache sollte ganz einfach sein. Wir stellten uns alle an den Rand der Grube und auf das Kommando „Eins-Zwei-Drei“ sollten wir auf „Drei“ alle gleichzeitig springen.

„Eins“

„Zwei“

„Drei“

Gesprungen ist nur einer. Ich, das naive Stadtkind! Das Gelächter und die Gaudi der Buben kannte keine Grenzen. Mein Glück – oder war es doch ein ganz klein wenig Rücksichtnahme der Buben – war, dass die Jauche nicht allzu tief war und ich so zu stehen kam, dass sie mir ctwa bis knapp unter die Hüften reichte.

Ich verstehe bis heute nicht, wieso damals die Landbevölkerung gegenüber den Städtern ein so großes Minderwertigkeitsgefühl hatte, waren sie doch in den praktischen Dingen des Lebens, im Hausverstand und im logischen Denken uns Städtern meilenweit voran.

Am Traktor

Der Wandel von einer Landwirtschaft, in der die Feldarbeit von den Bauern selbst und unter Zuhilfenahme von Ochsen oder Pferden besorgt wurde, hin zu einer motorisierten, in der Traktoren und andere Maschinen mehr und mehr die Arbeit am Feld übernahmen, war eines der Kennzeichen der Nachkriegszeit. Wurde der Traktor mit seiner schwergängigen Lenkung und einer komplizierten, mühsam zu betätigenden Schaltung bewegt, war dies mit einem Pferd wesentlich einfacher. „Hü“ für Links. „Hott“ für Rechts. Oder war es umgekehrt? Und „Ööh“ für Stehenbleiben, waren für den Bauer, wie für Ochsen oder Pferd einfache und klare Begriffe. Die Umstellung auf die moderne Technologie der Traktoren war für die Bauern schwer, für die Tiere führte sie im besten Fall zum Gnadenbrot, meist aber aus wirtschaftlichen Gründen zum Schlachter, zumindest dort, wo sich die Jungbauern durchsetzten und die Altbauern in die „Ausnahm“ abschoben, wo sie nichts mehr zu sagen hatten,. Die Moderne war über die Landwirtschaft hereingebrochen und „Hü“ und „Hott“ und „Ööh“ verstanden die Traktoren ebenso wenig wie die Altbauern die Mechanik der Traktoren.

Die Mächtigkeit eines Steyrtraktors war für mich als Kind ein besonderer Anziehungspunkt. Aufs Feld mitzufahren war etwas Besonderes. Sei es hinten am Gummiwagen auf der Holzbank desselben sitzend oder noch besser auf den blechernen Sitzen links oder rechts über den mächtigen Hinterrädern des Traktors, nur gestützt von einem schmalen Bügel, an dem es sich festzuhalten galt, um von diesem Ungetüm nicht abgeworfen zu werden und – Gott behüte, wovor die Mutter natürlich besondere Angst hatte – unter diese Räder zu kommen, wie es ab und zu geschah, waren für ein Stadtkind auf Besuch am Land große Erlebnisse und Abenteuer.

Der Fahrersitz des Traktors bestand aus einer, einem breiten Gesäß nachgeformten Blechschüssel mit einer Vielzahl von Lochungen. Zum einen um das Regenwasser abfließen zu lassen, denn der Traktor stand oft genug im Freien und war so der Witterung ausgesetzt, und zum anderen, um dem Fahrer wenigstens durch die unterwärtige Durchlüftung ein wenig Bequemlichkeit und Schweißabsorption an den heißen Augusttagen zu bieten. Der Sitz war mit Hilfe eines schweren Bügels gefedert, auf dem man wunderbar wippen konnte. Ein Lenkrad von ungeahnter Größe, um das Lenken zu erleichtern, jede Menge Gestänge zur Schaltung und anderer, mir nicht näher erklärbarer Zwecke waren das Umfeld dieses Fahrersitzes. Aus dem Boden ragten zwei metallene Stangen mit oben angeschweißten kleinen Platten für Bremse und Kupplung und ein Kipppedal für das Gas. Die Bedeutung dieser Pedale war mir mit Ausnahme des Gaspedals fremd. Ebenso ein Hebel, den ich heute als Handbremse identifiziere.

Stand der Traktor am Hof, übte der Fahrersitz einen besonderen Reiz aus. Was gab es Schöneres, als sich hineinzusetzen, an der Lenkung zu drehen, auf das Gaspedal zu treten, von dem ich wusste, dass es die Lautstärke des Motors und die Geschwindigkeit des Traktors regelte. Mit durch die Lippen geblasener Luft imitierte ich die Vibrationen des Traktorfahrens und die Geräusche des Dieselmotors. Die archaischen Pferdestärken des Traktors wirkten faszinierend.

Der Hof bei meinem Onkel Leopold ist ein für das Weinviertel typischer Hakenhof. Gassenseitig rechts eine große Hofeinfahrt. Neben der Einfahrt war die „Ausnahm“ für den Vater seiner Frau, den sogenannten „Leitner Naz“, einem alten Bauern ohne große Bildung, aber mit ungeahnter Schläue, sowie das Zimmer des Knechtes, der erstaunlicherweise respektvoll „Herr Hans“ genannt wurde. Dieser Herr Hans hatte für mich etwas Erstaunliches und mitunter Furchterregendes. In Erinnerung geblieben ist mir von ihm, dass er seine Füße im Ententeich wusch und sonst nicht sonderlich auf Reinheit wert legte, und dass er – ich weiß es nur aus Erzählungen – seinem Leben mit Hilfe eines Stricks im Stadel des Hofes irgendwann ein Ende bereitete. An die Ausnahm und das Zimmer des Herrn Hans anschließend, ebenfalls noch gassenseitig, befanden sich die Schlafzimmer und in weiterer Folge die Speis, in der es wunderbar nach Speck roch, und die Küche, die die Ecke des Hakenhofes bildete. Daneben war eine Waschküche und daran anschließend in hierarchisch absteigender Reihenfolge der Pferdestall, der Kuhstall und der Schweinestall. Hühner und Enten waren überall. Katzen sowieso.

Die Rückseite des Hofes bildeten links ein Schweinestall mit den „Zuchten" und rechts ein großer Stadel mit einem großen Holztor. Der Hof war leicht, fast nicht merklich abschüssig. Dort stand der Steyrtraktor. Grün. Mächtig. Verführerisch. Oben auf dem Fahrersitz, jenem popogeformten Blech zu sitzen, die Federung wippen zu lassen und in kindlicher, nonverbaler Art die Geräusche des schweren Dieselmotors nachzumachen vermittelte mir etwas von der Erhabenheit und Stärke dieses Ungetüms der Technik.

Irgendwie, ich muss wohl die Handbremse gelöst und den Ganghebel auf Leerlauf gestellt haben, setzte sich der Traktor in Bewegung und begann langsam zu rollen. In Richtung auf das große hölzerne Tor des Stadels zu. Ich war gelähmt und angsterschrocken, unfähig, irgendetwas zu tun.

Die Familie, es war Sommer und vermutlich ein gemütlich sonniger Sonntagnachmittag, war im Hof versammelt und beobachtete erschrocken, aber doch hilflos die Szene, wie ich als Kind von etwa sechs oder sieben Jahren, mag sein auch jünger, mit dem führerlosen Traktor über den

Hof auf das Scheunentor zurollte. Der alte Leitner-Naz versuchte auf seine Art der Situation Herr zu werden und rief, so wie er es bei seinen Rössern seit Jahrzehnten gewohnt war sie zum Stehen zu bringen, ein lautes „Ööh, Ööh“ über den Hof. Traktoren funktionieren anders als Pferde. Der Traktor rollte weiter.

Alle waren gebannt.

Einzig Liesl, meine Cousine, ein Mädchen von vielleicht zwölf oder dreizehn Jahren, erfasste die Situation, wie ich mich samt des Traktors unaufhaltsam dem Stadel näherte, lief dem Traktor nach, sprang auf, zog die Handbremse und brachte das Ding zum Stehen. Nichts war geschehen.

Der Alte schrie „Ööh“, die Eltern waren starr vor Schreck und nur die Jüngste erfasste Situation und Technik und hatte auch die Kraft sie zu bändigen. Das war das neue Zeitalter, wie es in den Sechzigern des zwanzigsten Jahrhunderts unaufhaltsam auch über die Landwirtschaft hereinbrach.

Gallensteine und Morgenharn

War ich mit meiner Mutter bei ihrem Bruder in Neudorf, so gehörte der Besuch des Grabes ihrer Eltern am Ortsfriedhof zu den regelmäßig wiederkehrenden Verpflichtungen. Der Friedhof liegt in Neudorf am östlichen Ortsrand gleich hinter dem oberen Teichtl. Neben dem Fußballplatz. Mir scheint, als lägen am Land alle Friedhöfe neben dem Fußballplatz. Oder umgekehrt. Fußball, das schienbeinzertrümmernde Ritual ersetzt so manche Wirtshausrauferei und hat auf diese Art und Weise eine hohe gesellschaftliche Bedeutung im Dorfleben. So wie das Wirtshaus mit seinen Raufereien neben der Kirche sein muss, so gehört der Fußballplatz zum Friedhof. Der Pfarrer gehört zum Wirt. Das Leben zum Tod. Der dörfliche Mikrokosmos vereint alles auf wunderbar harmonische, selbstverständliche Weise.

Da das Haus meines Onkels im unteren Teil des Dorfes war, führte der Weg zum Friedhof beinahe durch den ganzen Ort. Über den Kirchenplatz, wo zunächst rechterhand die Fleischerei und linkerhand das Wirtshaus lag, vorbei an Kirche, Schule und Postamt. Nach Überqueren der Straße nach Staatz folgte das modernste Haus – oder was man eben in den sechziger Jahren für modern hielt. Das Haus des Arztes. Eine schmale Gasse entlang, auf der die Gänse und Enten entweder vom oder zum Teichtl watschelten. Dann der Teich, im dem sich das Federvieh sein Futter holte. Das obere Teichtl, ein großer ansehnlicher Teich, diente nicht nur den Enten und Gänsen als Schwimmteich, sondern auch den Kindern des Ortes. Ich badete dort nie. Das Wasser war mir als Stadtkind zu schmutzig. Es „lettelte“, strömte also einen Mischgeruch aus Moder, Schlamm und verwesendem Fisch aus.

Am oberen Ende des Teichtls befand sich eine Reuse. Reusen dienen doch dem Abfluss eines Teiches? Warum diese hier am oberen Ende war, weiß ich nicht. Vielleicht war es doch der Abfluss und nicht der Zufluss. Ich weiß auch nicht, woher der Teich mit Wasser gespeist wird und wohin er abfließt. Als Kind war mir das egal. Die Reuse bedeutete jedenfalls das Ende unseres Weges, denn gegenüber lag der Fußballplatz und daneben der Eingang zum Friedhof.

Friedhöfe hatten für mich als Kind etwas Unbekanntes, Fremdes. Ich war als Kind nie mit dem Tod konfrontiert. Mein Großvater mütterlicherseits starb vor meiner Geburt und meine Großmutter, als ich zwei war. Jedenfalls bevor meine bewusste Erinnerung einsetzt. Die Eltern meiner Mutter haben für mich bis heute etwas Anonymes. Ich besitze auch nur ein einziges Foto von den beiden, welches sie, meine Mutter und ihren Bruder zeigt. Meine Mutter ist auf diesem Foto etwa acht Jahre alt. Das Foto muss um 1930 entstanden sein. Alle sehen auf diesem Foto sehr grimmig drein und meine Mutter erzählte mir einmal, dass dieser Aufnahme irgendein Familienstreit vorangegangen sei. Deshalb die finsteren Blicke. Ich kenne also meine Großeltern mütterlicherseits nur finster blickend.

Am Friedhof gingen wir zum Grab meiner Großeltern. Gleich rechts beim Eingang. Meine Mutter zündete eine Kerze und wir sprachen ein Vaterunser. Meine Mutter lobte immer die Grabpflege durch meine Tante Hedi. Sie mochte ihre Schwägerin nicht, aber hier erwähnte sie sie immer lobend. Ebenso wie das Mitgeben von Unmengen von Eiern und Speck – geselchten Schweinswangerln – stets lobend erwähnt wurde. Die Tante Hedi wurde von meiner Mutter nicht geliebt, aber die Grabpflege und das neidlose Geben von Landprodukten an uns Städter wurden stets wohlwollend positiv vermerkt.

Zurück vom Friedhof ging es den gleichen Weg.

Aus ihrer Kindheit und Jugend kannte meine Mutter fast alle Leute im Dorf und die kannten sie. So ergab sich so manche Unterbrechung am Weg für eine Plauderei.

Eine blieb mir markant in Erinnerung.

Am Rückweg von einem Friedhofsgang, kurz bevor wir wieder das Haus meines Onkels erreichten, schaute aus einem alten, niedrig geduckten Haus ein alter Mann aus dem Fenster. Meine Mutter grüßte ihn und er grüßte sie. Er war zu alt, um ein Jugendfreund meiner Mutter zu sein und er war zu jung, um der Generation ihrer Eltern anzugehören. Ich weiß nicht wer er war und wie er hieß. Sie blieb bei ihm stehen und sie begannen ein Gespräch. Nach den üblichen erwachsenen Gesprächsritualen über mich mit „nein, ist der schon groß" und „nein, ich dachte, das ist der Werner" (mein Bruder), die eine unglaubliche Belästigung für jedes Kind darstellen, dessen sich kein Erwachsener bewusst ist, leitete der alte Mann das Gespräch schnell über zu seinen Krankheiten. Ich glaube, das tun alle alten Leute. Irgendwann definiert sich jeder Mensch nur mehr über seine Leiden. Was ist es auch, was sie am Leben hält, wenn nicht das Leid?

Ich weiß nicht mehr, an welchen Leiden der alte Mann litt. Irgendwann kam er jedenfalls auf seine Gallensteine und die Entfernung derselben zu sprechen. Es kam, wie es kommen musste. Er musste sie herzeigen. Kurz verschwand er vom Fenster, kam zurück und zeigte das Produkt seiner Galle her. Zwei Steine. Ein großer, etwa daumengroß, und ein etwas kleinerer. Rau. Grob. Sandig rötlich. Ich war beeindruckt, dass es so etwas in einem Menschen geben kann. Ich hatte keine Ahnung, mit welchen Schmerzen und Problemen das für den alten Mann verbunden war. Ich war gebannt und gleichzeitig ekelte mir vor dem Gedanken, dass es sich bei diesen Steinen um ein Produkt aus dem Innersten dieses alten Mannes handelte.

In seiner Euphorie, eine Zuhörerin gefunden zu haben, schwadronierte er weiter. Er sei jetzt, nachdem die Steine entfernt seien, so gesund und fühle sich so wohl. Keine Krankheit zwicke ihn mehr. Und spüre er einen Schnupfen oder eine Erkältung in sich aufkeimen, so hätte er ein probates Mittel. Spüre er die leisesten Anzeichen, so pisse er morgens in ein Glas und trinke diesen noch warmen Morgenharn. Seit er dies täte, sei er nicht mehr krank.

Mir ekelte.

Erst Jahre später, schon als Erwachsener, las ich einmal von dieser Methode und dass sie angeblich wirklich die Abwehrkräfte, das Immunsystem des Körpers, stärke. Mir ekelt aber immer noch und gelegentlichen Schnupfen nehme ich nach wie vor in Kauf.

Kuhwarme Milch

Der Bauernhof meines Leopold Onkels war ein typischer Hakenhof. Vorne, straßenseitig, waren die Wohnräume. In den Hof nach hinten ging man über eine sogenannte „Trettn“, ein hofseitig offener Laubengang, der durch Gewölbebögen begrenzt war. Hausseitig gelangte man von der „Trettn“ in die Stallungen. Der größte Stall war der Raum, in dem die Kühe standen. Fünf oder sechs an der Zahl.

Der Kuhstall war ein offener länglicher Raum, in dem die Kühe, ausschließlich Milchkühe, nebeneinander angekettet waren. Die Kette war gerade so lang, dass die Kuh stehen und sich hinlegen konnte. Mehr Bewegungsfreiheit hatten sie nicht. Sie wurden wohl als Kalb hier angekettet und erst wieder aus dem Kuhstall herausgeführt, wenn sie keine Milch mehr gaben und zum Schlachter geführt wurden. Vielleicht noch dann und wann zum Decken. Aber da war ich nie dabei. Es war wohl nie zu der Zeit, wenn meine Mutter, mein Bruder und ich in Neudorf waren. Meiner Mutter war das sicher recht, denn meine diesbezüglichen Fragen hätten sie sicher in Verlegenheit gebracht.

Kopfseitig vor den Kühen war ein gemauerter Trog, in den das Futter geworfen wurde. Je zwei Kühe hatten eine gemeinsame Tränke. Diese hatte einen besonderen Mechanismus. Immer dann, wenn die Kuh ihre Schnauze in die Tränke steckte und eine kleine Platte dadurch nach unten drückte, öffnete sich ein Wasserhahn und Wasser floss in die Tränke. So konnte die Kuh saufen.

Der Boden des Kuhstalls war betoniert. Stroh war ausgestreut, in dem die Kühe standen. Am Abend wurde ausgemistet. Das Stroh mit dem Mist wurde direkt auf den gegenüber dem Kuhstall befindlichen Misthaufen geleert. Eine Kuhflade sammelte meine Mutter immer, verpackte sie sorgsam und nahm sie bei unserer Abreise mit nach

Hause. Zu Hause im Kohlenkeller getrocknet wurde sie dann als besonderer Blumendünger für die Zimmerpflanzen verwendet. Pferdemist sei zwar besser, meinte meine Mutter immer, aber leider gebe es keine Pferde mehr in Neudorf und außerdem „hitze" der Pferdemist so stark und man müsse dann aufpassen, dass man die Pflanzen nicht verbrenne.

An den Misthaufen angebaut war auch das Klo. Ein Plumpsklo. Außen an der Holztür war nicht das übliche Herz eingeschnitzt und auch nicht ein „00", sondern mit großen Lettern hatte jemand das Wort „Hier" hingepinselt. Das Plumpsklo bestand innen aus einem Holzbrett mit einem Loch, wo das „große und das kleine Geschäft", wie man es für uns Kinder nannte, direkt im Misthaufen landete. Dort vereinigte sich Menschliches mit dem ausgemisteten Kuhstall und das Ganze wurde dann von Zeit zu Zeit auf die Felder geführt, um eine gute und reiche Ernte zu sichern. Toilettenpapier, wie ich es von zu Hause gewohnt war, gab es keines. Die Doppelbögen der Kronenzeitung wurden sorgsam geviertelt und auf einen Nagel, der aus der Holzwand des Plumpsklos ragte, aufgespießt. So hatte man etwas zum Lesen und zum Wischen am Klo. Zu Letzterem war es wegen seiner nicht saugfähigen glatten Oberfläche nur bedingt geeignet.

Von der Decke des Kuhstalles hingen mehrere Fliegenfänger. Das waren aufgerollte Rollen, die mit Fliegenleim bestrichen waren. Setzte sich eine Fliege darauf, blieb sie am Leim kleben und zappelte sich in den Tod. Warum diese Fliegenfänger dort hingen, weiß ich nicht, denn sie nützten in Wahrheit nichts. Der Raum war voll mit Fliegen. Meine Tante Hedi schimpfte immer über die vielen „*Floign*", die ihr lästig waren. Allein, die Fliegenfänger hatten bestenfalls symbolischen Charakter. Die Schwalben, die im Kuhstall aus und ein flogen und unter dem Dach der „Trettn" nisteten, fraßen sicher mehr Fliegen, als diese klebrigen Fallen vernichten konnten. Trotz Fänger und trotz Schwalben: Die *„Floign“* waren allgegenwärtig.

Zweimal am Tag wurden die Kühe gemolken. Am Morgen und am Abend. Morgens schlief ich noch, aber abends war ich immer dabei. Die Kühe schienen sich darauf zu freuen, wenn die Milchkannen schepperten und meine Tante Hedi in den Kuhstall kam. Und die Katzen freuten sich auch. Die Tante Hedi nahm den Schemel und einen Eimer, versetzte der Kuh einen Klaps in die Seite, auf dass sie ausweiche und ihr Platz mache, dass sie sich niedersetzen konnte. Das Euter wurde mit einem Tuch abgewischt und dann molk sie die Kühe. Eine Handbewegung, eine Mischung aus Ziehen und Drücken und ein weißer Strahl Milch schoss mit hohem Druck aus dem Euter in den Eimer. So ging es Kuh für Kuh. Wenn eine Kuh mit dem Schwanz wedelte, um die lästigen Fliegen zu verscheuchen und der Schwanz, der meist mit Kuhmist verklebt war, meine Tante traf, dann schimpfte sie die Kuh. Die störte das wenig.

Während des Melkens schon versammelten sich alle Katzen des Hofes im Stall. Jede bekam ein Schälchen frische Milch, das sie mit großem Genuss ausleckten. Ich nahm mir einen Becher und bekam auch etwas Milch. Kuhwarme Milch sagten wir dazu. Sie schmeckte mir vorzüglich. Heute kann ich mir nur mehr schwer vorstellen, dass mir diese kuhwarme Milch schmeckte. Fünfzig Jahre Urbanisierung ließen mich, und, wie es scheint, auch meinen kindlichen Geschmacksinn verkümmern.

Immer wenn ein Eimer voll war, wurde er in eine Milchkanne gefüllt. Dazu wurde ein Trichter mit einem feinen Sieb auf die Milchkanne gesetzt und die Milch aus dem Eimer langsam in diesen gegossen. Eimer, Trichter und Kannen waren silbern verzinkt und blitzten und glänzten. Unglaublich, dass in dem Kuhstall, wo alles schmutzig, voll Kuhmist und Fliegen war, so auf Sauberkeit wert gelegt wurde. Waren die Milchkannen voll, wurden sie mit einem ebenfalls silbrig verzinkten Deckel verschlossen.

Waren alle Kühe gemolken, alle Milch abgefüllt, mussten die Kannen zur Sammelstelle gebracht werden. Die Milchsammelstelle war ein kleines Haus am Kirchenplatz. Kam man dort an, so waren dort immer schon andere Bauern, die ebenfalls ihre Milch – oder besser: die ihrer Kühe –ablieferten. Die Milch wurde gewogen, die Menge von einem Schreiber notiert und dann in ein bereitstehendes Behältnis gegossen. In dieser Milchsammelstelle war alles blitzblank glänzend und sauber.

Was mit der Milch weiter geschah, hat mich als Kind nicht interessiert. Ich erinnere mich nur, dass bei unserer Milchfrau in der Quellenstraße, wo es damals noch offene Milch zu kaufen gab, die Milch aus Zapfhähnen in kleine Kannen abgefüllt wurde. Diese Kannen sahen aus wie eine Miniaturausgabe der großen aus Neudorf. Nur waren sie aus Email und hatten einen Tragegriff aus Holz. Die Neudorfer Kannen waren größer, glänzender, schöner und die Milch aus dem Zapfhahn war kalt und nicht kuhwarm. Einmal bat ich meine Mutter, mir diese Milch aufzuwärmen, kuhwarm zu machen. Sie schmeckte mir überhaupt nicht. Doch da wusste ich noch nichts von Pasteurisierung und Standardisierung, diesen Haltbarmachungen und Geschmacksvernichtern.

Schlachtung der kranken Kuh

Meiner Mutter stand ihr Bruder Leopold wesentlich näher als ihre beiden Schwestern. Der Grund ist wahrscheinlich irgendwo in der nie wirklich ausgesprochenen Tiefe ihrer Kindheit und Jugend zu suchen. Vielleicht auch darin, dass ihre wesentlich älteren Schwestern früh von zu Hause weg in ihre Ehen entschwunden sind.

Zu ihrer Schwester Katharina, „Tante Katherl", wie ich sie nannte, hatte sie noch am ehesten Kontakt. Diese führte mit ihrem Mann Josef – „Peppsch Onkel" – ein Gasthaus mit Fleischhauerei und Schlachtung in Großinzersdorf. Die Besuche dort waren aber wesentlich seltener als jene in Neudorf.

Ich erinnere mich noch gut an das kleine Wirtshaus und die noch kleinere Fleischerei. Der Hof, in dem immer zwei riesengroße Bernhardinerhunde träge herumlagen, war dafür umso größer. Entlang des Hofes war die Schlachtbank.

Eines Morgens kam ein alter Bauer, ein vertrocknetes, etwas heruntergekommenes altes Männchen mit seinem Traktor, der einen Anhänger, einen sogenannten Gummiwagen zog, in den Hof. Hinten auf dem Gummiwagen lag eine Kuh. Seitlich hingestreckt und sichtlich krank. Nicht mehr in der Lage aufzustehen. Meine Mutter erklärte mir leise flüsternd, wie wenn es eine Schande wäre, dass diese Kuh wohl die Knochenweiche hätte, deshalb nicht mehr aufstehen könne und notgeschlachtet werden müsse. Die Knochenweiche sei eine Mangelkrankheit und käme, so erklärte sie mir, wenn ein Bauer sich nicht ausreichend um seine Kühe kümmere. Ich betrachtete den Bauern, der die Kuh brachte, deshalb mit noch mehr Argwohn. Vielleicht war die Kuh aber auch nur alt und schwach und gab keine Milch mehr.

Da die Kuh nicht mehr aufstehen konnte, wurde das arme Tier von mehreren anwesenden Männern mittels Stricken über eine Rampe aus Brettern vom Gummiwagen herunter zur Schlachtung gezerrt. Das Tier sah aus seinen leeren Kuhaugen hilflos dem Treiben zu. Endlich war es den kurzen Weg bis in den Schlachtraum geschleppt.

Die Männer, angeführt von meinem Peppsch Onkel versammelten sich um das Tier. Er nahm ein sogenanntes Krickerl zur Hand. Ein Krickerl sieht aus wie ein Eispickel, wie ihn Bergsteiger verwenden, jedoch nur mit einer Zacke und einem etwas längeren Stiel.

Mit diesem Krickerl hieb er der Kuh in die Stirn knapp oberhalb zwischen die Augen. Ich hatte bis dahin noch nie einer Schlachtung zugesehen. Gebannt, gelähmt und schaudernd sah ich dem grausigen Schauspiel zu. Mein Peppsch Onkel war ein kräftiger Mann, der wohl eine ganze Sau schleppen konnte und der so manchen Wirtshausstreit beendete, indem er die Streithähne eigenhändig und im wahrsten Sinne des Wortes vor die Tür bugsierte. Allein der Schädel der Kuh war stärker. Ein Mann nach dem anderen versuchte sich nach ihm an dem leidenden Tier. Ich weiß nicht mehr wie vieler Schläge mit dem Krickerl es bedurfte, bis der Schädel der Kuh gebrochen, das Krickerl in ihr Gehirn eingedrungen und das Tier endlich tot war.

Es war ein gruseliges Sterben dieser kranken Kuh und ich sehe noch heute die leeren und sich hingebenden Augen dieses Tieres.

Wawerl

Liest man als Kind Geschichten und Märchen oder bekommt sie erzählt, so wandert die Fantasie auf wundersame weite Reisen. Da gibt es eine Welt voll armer, aber guter Menschen und da gibt es eine Welt voll mit Schrecklichem. Beides existiert nebeneinander und lebt in ewigem Konflikt. Es gibt Faune und Feen, arme Handwerksburschen und liebreizende Prinzessinnen. Und es gibt die Welt des Bösen. Es gibt Hexen. Diese leben allein, einsam in heruntergekommenen Häusern, sind schmutzig, wortkarg und machen Dinge, die seltsam anmuten. Besonders einem Kind.

Die Frau meines Leopold Onkels war meiner Mutter auf irgendeine, anscheinend in der Vergangenheit der beiden liegende Art und Weise suspekt. Vorsichtig gesagt. Etwas deutlicher gesagt: Ich glaube sie mochte sie nicht. Sie hätte ihrem Bruder, den sie so über alles liebte, mehr als irgendwen in ihrem Leben, mich ausgenommen, gerne eine liebreizende Frau gewünscht. Aber er nahm sich die Hedi Leitner zur Frau. Als Kind soll sie sehr streitsüchtig gewesen sein und sich sogar – wie schrecklich! – mit den Burschen des Ortes angelegt haben. „Gott sei dank", sagte meine Mutter, sei ihr Bruder im Krieg gewesen und hätte nicht gesehen, wie sie als junges Mädchen mit den Burschen raufte. Ein schreckliches Mädchen und rote Haare hatte sie noch dazu. Und erst ihre Familie. Der Wahnsinn sei in dieser Familie quasi inhärent. Ihr Bruder leide an Wahnsinn und sei gefährlich. Gefährlich war er in Wahrheit nur gegen sich selbst, denn er erhängte sich irgendwann im Suff. Ihr Vater, der „Leitner Naz" war zugegebenermaßen eine außerordentlich schrullige Person. Ein großer, erfolgreicher und tüchtiger Bauer ja, aber etwas seltsam. Und dessen Schwester, die „Wawerl", was für Barbara steht, war angeblich von irgendeiner Geisteskrankheit befallen. Oder war sie nur einfach einsam, ledig, alt und etwas seltsam? Das genügte im Dorf schon, um als verrückt zu gelten.

Jedenfalls mochte meine Mutter die Frau ihres Bruders nicht sehr. Ich meine eher, sie war wohl hochgradig eifersüchtig auf sie. Einmal, so erzählte sie mir, hätte ihr diese Tante Hedi vorgehalten, dass die Psoriasis, die Schuppenflechte, die ihre Kinder plagte, ein Erbe der Verwandtschaft ihres Mannes sei. Meine Mutter erzählte mir, dass sie ihr am liebsten geantwortet hätte: „Sei froh, dass sie nicht die Krankheit deiner Familie bekommen." Mit einem Wort: Die beiden Frauen waren nicht sehr nett zueinander.

Jene angeblich geisteskranke Wawerl lebte allein, einige Häuser weiter an der Straße Richtung Laa, jedoch an der gegenüberliegenden Straßenseite, knapp vor dem unteren „Teichtl". Es war ein schönes altes Bauernhaus, aber heruntergekommen, schmutzig und verwahrlost. Es war dem Haus anzusehen, dass es einmal der Hof eines großen Bauern war.

Die Wawerl war in der kurzen Zeitspanne, die meine Erinnerung an sie umfasst bereits eine alte Frau. Siebzig, vielleicht etwas mehr. Ich weiß es nicht. Bekleidet war sie, zumindest habe ich es so in Erinnerung, in schmutzige, zerrissene Kleider. Ähnlicher einem Erdäpfelsack als einem Kleid. Und sie war immer barfuß. Unter ihrem schmutzigen Sackkleid lugten die noch schmutzigeren Füße hervor. An ihr Gesicht kann ich mich nicht erinnern, aber es war wohl dem der Hexen aus den Märchen sehr nahe.

Sie lebte allein in diesem schon vom Verfall gezeichnetem Haus. Darin war eine Küche mit einem Herd, einem sogenannten Zusatzherd, auf dem sie sich ihre Erdäpfel kochte. Ich glaube, sie kochte immer Erdäpfel. Nie sah ich sie anderes kochen als Erdäpfel.

Daneben war ihre Stube mit ihrem Bett. Sofern dieser Lumpenhaufen das Wort Bett rechtfertigen kann. Schränke oder eine Kredenz oder irgendetwas Ähnliches gab es glaub ich nicht in diesen Räumen.

Die anderen Räume in dem alten Hof, und es gab davon mehrere, dienten meinem Leopold Onkel als Getreidespeicher. Die Räume waren bis knapp unter das Fenster mit Getreide gefüllt. Als Kind machte es mir Spaß im tiefen Getreide zu waten. Es war wohl Futtergetreide. Doch es grauste mir angesichts der dort zahllos kriechenden Ohrschliefer und des da und dort hervorkommenden Katzendrecks, dass es sich dabei um Brotgetreide handeln könnte, das ich womöglich eines Tages in der einen oder anderen Form zu essen bekommen könnte. Das Versinken im losen Korn machte Freude, die über das Grausen hinwegsehen half.

In diesem Hexenhaus lebte die Wawerl. Eine mystische, gruselige Person. Harmlos, nur verwahrlost und heruntergekommen. Wohl eine einsame alte Frau, die ihre Hoffnungen früh zu Grabe getragen hatte. Aus welchen Gründen auch immer. Irgendwann wurde auch sie zu Grabe getragen und das Haus wurde von Leo, meinem Cousin und Sohn des Leopold Onkels und der Tante Hedi weggerissen und durch ein neues, modernes Bauernhaus ersetzt.

Zigeuner

Eines Sommers, als meine Mutter, mein Bruder und ich einige Tage in Neudorf verbrachten, kam es, dass Zigeuner im Ort waren. Zigeuner, so wurden sie genannt. Rom oder Roma waren für mich – und sicher nicht nur für mich – damals nur Begriffe aus der Geografie. Sie standen mit ihren Planenwagen knapp außerhalb des Ortes auf einer Wiese an der Straße nach Laa.

Wenn ich mit meinem Leopold Onkel mit dem Gummiwagen vom Feld zurück in den Ort fuhr, kamen wir direkt an den Zigeunern vorbei. Interessiert beobachteten wir das uns fremde Treiben an ihrem Rastplatz. Ich weiß nicht warum, aber das bunte Treiben dort hatte so etwas Fremdes, unbekannt Mystisches an sich. Wahrscheinlich hatte ich auch schon so manche Abenteuergeschichte gehört oder gelesen, was meine Neugierde für dieses so andere Leben noch mehr weckte.

Einige Tage später zogen die Zigeuner mit ihren Wagen weiter. Ihre Wagenkolonne bewegte sich durch das Dorf.

Schnell holten uns die Eltern ins Haus. Sie meinten, es sei gefährlich den Zigeunern, die nur auf Raub und Diebstahl und – Gott behüte – auf Kinderentführung aus seien, zu nahe zu kommen. Verschreckt beobachteten wir Kinder den Zug durch die Fenster des Hauses. Fast hatten wir das Gefühl ein besonderes Abenteuer bestanden zu haben.

Es sind immer die geschundensten Menschen, denen die größten Vorurteile entgegen prallen, und auf diese oder ähnliche Art und Weise wurde versucht die Ressentiments von Generation zu Generation weiterzugeben. Oft genug mit Erfolg. Das Durchbrechen derselben ist dann ein schwieriger und langer Prozess. Wie die Geschichte lehrt, gelingt es vielfach nicht und die Abneigung gegen „die Zigeuner“ lebt weiter, obwohl es, zumindest im Weinviertel, längst keine vazierenden Roma mehr gibt. Vorurteile bedürfen eben nicht der Wirklichkeit.

Opapa

Der Opapa war in Wirklichkeit gar nicht mein Opapa. Er war der Mann meiner Großmutter. Jener Mann, den sie irgendwann nach 1930 geheiratet hat und der sie veranlasste, das von ihr weggegebene Kind von der holländischen Pflegefamilie wieder zurück nach Österreich zu holen. Dieses Kind war mein Vater. Da er meinen Vater dann auch adoptierte, trage auch ich heute den Familiennamen des Opapas: Herzog, der Name eines Gastwirtes und Großgrundbesitzers aus Muggendorf bei Pernitz im Piestingtal. Die genauen Familienverhältnisse Opapas sind mir unklar. Ich glaube, dass sein Vater früh verstorben ist und seine Mutter eine neue Ehe einging. Es gab einen großen Bruder und die Zwillinge Hans (mein Opapa) und Karl aus der ersten Ehe. Aus der zweiten Ehe seiner Mutter entsprang zumindest auch ein Zwillingspärchen – zwei Mädchen. Der große Bruder erbte Gasthof und Wälder und das Erbe der anderen Geschwister wurde bar abgefunden. In der Zeit der Inflation und Wirtschaftskrise der zwanziger Jahre war das Geld weg und die Zwillinge verarmten. Dass sie als verwöhnte Kinder eines Großgrundbesitzers nie wirklich arbeiten lernten und das filouhafte Leben ihrer Jugendtage selbst in Zeiten der Not nie wirklich ablegen konnten, erklärt sich fast von selbst. Hans und Karl blieben ein Leben lang zusammen. Karl bewohnte sogar das Nachbarhaus am Resedaweg.

Dieser Mann war also mein Opapa. Mangels eines echten Großvaters wurde er mir einer. Mein Großvater mütterlicherseits starb ein Jahr vor meiner Geburt und meinen wirklichen Großvater väterlicherseits kannte, so glaube ich, nicht einmal mein Vater. Es blieb von ihm nicht mehr als ein Name im Ariernachweis meines Vaters: Julius Peschke. Erst vor wenigen Jahren gelang es mir im Zuge einer Recherche, sein Grab am Baumgartner Friedhof zu finden.

In meiner Kindheit hatte ich nur einen Opapa, den Stief- oder Ziehvater meines Vaters. Der hatte wahrlich eine bewegte Lebensgeschichte hinter sich. Vom Sohn des Großgrundbesitzers aus Muggendorf zum Hilfsarbeiter in den Reservegärten von Hirschstetten ging sein sozialer Abstieg. Er war aufgrund seiner Herkunft nicht zur Arbeit geschaffen und schlug sich, stets von Reichtum und Wohlstand träumend, durch das Leben. So tief konnte er die soziale Leiter gar nicht hinunter gestiegen sein, dass er nicht immer etwas Großmännisches an sich hatte. Er liebte den Genuss und er liebte das Leben. Er liebte nicht seine Frau. Aber er schätzte sie, denn sie war im Gegensatz zu ihm fleißig und arbeitsam. Ihr, die sie aus ärmsten Verhältnissen der Brigittenau kam, imponierte an ihm sein weltmännisches Gehabe, auch wenn es längst zu einer bröckelnden Fassade verkommen war.

Ich liebte meinen Opapa. Ich blickte zu ihm auf, wenn er mir in seiner ärmlichen Küche Tischmanieren erklärte, wie er sie als Kind in seinem noblen (?) Elternhaus gepflegt hatte. Wenn man Kaffee umrührt, dürfe der Löffel nicht im Häferl klappern. Das Umrühren hätte lautlos zu erfolgen. Erst wenn man mit dem Essen fertig ist, lege man Messer und Gabel parallel quer über den Teller. Unterbricht man aber das Essen nur kurz, lege man Messer und Gabel rechts und links an den Tellerrand, sodass man sie beim Weiteressen sofort wieder griffbereit habe. So wisse man, ob jemand mit dem Essen fertig sei oder nicht. Etikette war ihm auch in seinen bescheidenen Verhältnissen wichtig.

Er war streng, aber voller Liebe und Herzlichkeit, wie sich ein Kind einen Opapa wünscht. Fröhlich. Lustig. Immer zu Späßen aufgelegt. Ein Möchtegernfilou mit dem Schalk im Nacken. Er reimte gerne und einige Reime sind mir noch in Erinnerung. Es waren Nonsensverse, die mir gefielen und die mich ansprachen. Ich glaube, dass ich ihm meinen Hang zu Versen verdanke, obwohl sie keinerlei literarischen Ansprüchen genügten. Etwa:

Klarerweise
Frisst die Katz' ka Eierspeise!

Oder:

Halli, hallo, wer sitzt am Klo?
Der Krampus und der Nikolo

Und er lehrte mich das Schnapsen. Er ging gerne mit seinen Freunden aus der Nachbarschaft schnapsen. Das lehrte er mir. Natürlich weiß ich, dass er mich meist gewinnen ließ, aber er zeigte mir die Tricks und worauf es beim Schnapsen ankommt. Das meiste habe ich vergessen, aber auch hier ist mir der Vers, den er vor dem Geben beim Abheben sprach in Erinnerung:

Hebst du seicht
Gewinnst du leicht!

Bedeutungsloses zur Bedeutung zu erheben, so wie diese Verse, scheint mir, war sein Leben der letzten Jahre. Darin lag sein Charme. Ich liebte ihn, meinen Opapa, bedingungslos und so wie er eben war.

Er litt an Asthma und so fuhr er in späteren Jahren gerne mehrere Wochen auf Sommerfrische. Meiner Großmutter war das willkommen. Sie sagte immer, sie müsse die Zimmer des Hauses ausmalen, und da er mit seinem Asthma den Gestank der Farbe nicht vertrüge, sei es gut, wenn er weg sei. Ich denke, es war eine Ausrede und es war ihr nur recht, dass er einige Zeit weg war und sie alleine im Haus wirtschaften konnte, ohne auf ihn Rücksicht nehmen zu müssen. Eine dieser Sommerfrischen führte ihn auf einen Bergbauernhof in Ramsau bei Hainfeld. Einschichtig, irgendwo hoch oben am Berg lag dieser Bauernhof, wo er seinen Sommer verbrachte. Einmal durfte ich dort eine Woche mit ihm verbringen. Es war eine Woche auf einer Alm, mit Wiesen, Kühen und sonst nichts. In der Scheune war eine große Schaukel, auf der ich stundenlang schaukelte. Wild und hoch hinauf bis zu den Dachbalken der Scheune. Ich war fasziniert von dieser großen Schaukel. Ich weiß noch, dass ich so wild schaukelte, dass ich im Schaukeln die in der Scheune befindliche Schleifscheibe, die zum Schleifen der Sensen diente, zerbrochen habe. Da wurde der Bauer böse und mein Opapa sehr ernst. Er hat aber ohne lange zu reden dem Bauern die kaputte Schleifscheibe ersetzt. Als meine Mutter erfuhr, dass der Bauer Trinker war und oft alkoholisiert mit dem Traktor den kurvigen Forstweg ins Tal fuhr (ich war ja gelegentlich mit ihm gefahren), durfte ich im kommenden Jahr nicht mehr mitfahren.

Direkt an das Siedlungshaus in Aspern anschließend war ein Geräteschuppen und der Hühnerstall mit einem abgeteilten Auslauf für die Hühner. Früher, so erzählte man mir, gab es dort auch Hasen und einmal sogar ein Schwein. Letzteres wurde aber vom gestrengen Kontrollor der Gesiba, der regelmäßig die Siedlungsgärten inspizierte, verboten. Nur Kleinvieh war erlaubt. Einmal im Jahr kamen, verpackt in einen Karton, junge Küken. Die alten Legehennen wurden, wenn sie keine Eier mehr legten, geschlachtet und als Suppenhuhn verkocht. Dann gab es zu Hause manchmal Hühnersuppe. Die Eier wurden von meiner Großmutter, die immer bemüht war das knappe Einkommen aufzubessern, verkauft. So wie sie ihr Obst und Gemüse aus dem Garten verkaufte, so verkaufte sie auch die Eier. Jedes Ei war gezählt, keines durfte fehlen. Mein

Opapa jedoch liebte es den Hühnern das noch warme, frisch gelegte Ei quasi unter dem Hintern wegzustehlen und es roh zu trinken. Es schmeckte ihm und er behauptete es sei gesund. Das getraute er sich aber nur heimlich zu tun, dann, wenn seine Frau nicht zu Hause war. Mit seinem schelmischen Lächeln gebot er mir, nur ja still zu sein und ihn bei der Omama nicht zu verraten. Später dann, als er älter und kränklicher wurde, beschlossen sie, die Hühnerhaltung aufzugeben. Als er das letzte Huhn hinter dem Haus am Hackstock schlachtete, war ich dabei. Da weinte mein Opapa. Er weinte wie ein kleines Kind und ich ahnte, dass hier für ihn etwas zu Ende ging und er vielleicht schon sein eigenes nahes Ende spürte.

Als mein Opapa 1972 starb, war ich traurig wie nie vorher, denn ich verlor mit ihm den einzigen Menschen in meiner Familie, der mir Lebenslust vermitteln konnte. Das wusste ich damals nicht, obwohl ich sicher bin, dass ich es spürte. Heute weiß ich es, dass er, der Filou und Lebemann, der soziale Absteiger und arbeitsscheue „Tachinierer“ derjenige war, der mir einen kleinen Zipfel jenes Lebens zeigte, dass nicht nur aus Schwere und Plage, sondern auch aus Freude und Lust besteht.

Erst nach seinem Tod erfuhr ich so manche Geschichte von einer anderen, dunklen Seite seines Lebens, die aber auch perfekt in das Bild dieses Menschen passt. So war er aus demselben Opportunismus heraus, aus dem er NSDAP-Mitglied wurde, nach dem Krieg der SPÖ beigetreten. Die Mitgliedschaft in der NSDAP bescherte ihm nicht nur, dass er nach dem Krieg 1945 gefallene Sowjetsoldaten in Aspern exhumieren musste, was nur mit Unmengen russischen Wodkas zu bewerkstelligen war, denn die noch frischen Leichen stanken entsetzlich, sondern auch, dass ihm das Arbeitsamt, wo er beschäftigt war, die Wiederaufnahme in den Dienst als NS-Belasteten nach 1945 verwehrte. Bescherte ihm die NSDAP stinkende

Leichen und den Verlust der Stelle als Beamter, so war ihm auch die SPÖ nicht von Nutzen. Eine mindere Arbeit im Reservegarten in Hirschstetten vielleicht ausgenommen. Zu Kriegsende, als die Russen näher kamen und er merkte, dass es für ihn politisch eng werden könne, vergrub er seine VOPO-Pistole am Bahndamm der Ostbahn an der Guido Lammer Gasse, wo damals noch ein Fußweg unter der Bahn durchführte, der später zugeschüttet wurde. Wahrscheinlich liegt dort heute noch eine längst verrostete Pistole mit einer Hakenkreuzgravur vergraben. Möge sie, wie diese Zeit, nie mehr das Tageslicht erblicken.

Und da war auch noch der Mann, der heimlich, weil seine Frau es nicht wissen durfte, in den sechziger Jahren über einen Nachbarn Sexhefte aus Schweden bestellte. Und der den Nachbarssohn ins Kino einlud, als es im Künstlerhauskino den ersten erotischen Film „Stille Tage in Clichy“ spielte, weil er diesen Film, von dem damals – ein Skandal in den Medien – alle sprachen, unbedingt sehen wollte.

Das alles war mein Opapa, den ich liebte und verehrte. Mit seiner ganzen Unvollkommenheit, denn das eine lässt sich vom anderen nicht trennen.

Die Kreta

Es war Anfang September 1959 als wir aus Aspern weggezogen und in den zehnten Wiener Gemeindebezirk, Favoriten, übersiedelt sind. Genauer gesagt in die Kempelengasse. Es war ein neu errichtetes Haus an der Ecke zur Gudrunstraße. Das alte war durch einen Bombentreffer zerstört, an den noch eine Tafel „Errichtet aus Mitteln des Wiederaufbaufonds“ oder so ähnlich erinnerte. Das schöne frische Gelb des Hauses leuchtete in zwei Richtungen. Nach Norden hin über die Gudrunstraße, die dort die Ostbahn unterquert, in Richtung des Arsenals, der Desinfektionsanstalt und des Obdachlosenheimes am Geiereck und nach Osten zur Kabelfabrik Felten & Guilleaume und in weiterer Folge nach Simmering und den nördlichen Abhängen des Laaerberges. Es war der nähere Ausblick, der mich als Kind faszinierte. Der Blick in den Hof der Kabelfabrik mit seinen Werkshallen und dem hohen Schlot, der Blick auf das Bahngelände mit dem Verschiebebahnhof und der Blick in die Tiefe der Unterführung, durch die sich die Straßenbahnlinie 6 schlängelte. Ein heute, rückblickend betrachtet, trostloser Anblick, der mich aber als Buben von knapp fünf Jahren von Anfang an in seinen Bann zog. Weniger interessant war der Blick in die Ferne, von den Hügeln des Wienerwaldes bis – zumindest an schönen Tagen – hinunter zu den Bergen um Hainburg und den Kleinen Karpaten hinter Preßburg.

Alles war so neu, so anders als in Aspern. Ich konnte den ganzen Tag aus dem Fenster sehen und das Neue in mich einströmen lassen. Ich war von einer kleinen Mansardenwohnung einer Gartensiedlung am Stadtrand in eine Wohnung im fünften Stock inmitten der Stadt gekommen. Für mich, der ich das nicht kannte, lagen Welten dazwischen. Es war einfach alles groß und weit.

Welchen Namen der Teil von Favoriten in der Wiener Bevölkerung trug, habe ich erst viel später von meiner Mutter erfahren. Sie erzählte mir, dass kurz nachdem wir übersiedelt sind – oder vielleicht auch schon davor – sie voller Stolz unserem Nachbar in Aspern, dem alten Herrn Kohut, berichtete, wo die neue Wohnung sei. Der sagte nur ganz entsetzt: „Was, auf der Kreta?"

Der Name Kreta stand zu jener Zeit noch immer für eines der berüchtigtsten Viertel Wiens. Woher der Name „Kreta", „auf der Kreta" oder kurz: „die Kreta" kommt, ist umstritten. Die wahrscheinlichste These, so berichtet mir ein Mitarbeiter des Favoritner Bezirksmuseums, stellt einen Zusammenhang mit der Insel Kreta her. Als das Gebiet östlich der Absberggasse Ende des 19. Jahrhunderts verbaut wurde, galt es als ebenso unsicher wie die Insel Kreta, wo zu selben Zeit, 1896, ein Aufstand der griechischen Mehrheitsbevölkerung gegen die türkische Herrschaft tobte. Andere Thesen meinen, dass es sich auch um einen Eigennamen handeln könnte. Peter Henisch wieder assoziiert den Namen mit der Bezeichnung „Crete", mit dem in der Toskana kalkreiche Erde bezeichnet wird. Welche These auch immer die richtige ist, die Gegend galt seit ihrer Bebauung als berüchtigt und verrufen und die Bewohner der Kreta bildeten das unterste Glied der sozioökonomischen Kette.

Dort wohnten wir also von 1959 bis 1974: „Auf der Kreta!"

Ob es exakt richtig ist, weiß ich nicht, aber für mich umfasste die Kreta immer das Gebiet zwischen Quellenstraße, Absberggasse, Gudrunstraße und Kempelengasse. Möglicherweise ist das Gebiet auch größer und reicht hinauf bis zu den Gründen der Ankerbrotfabrik. In Nord-Süd-Richtung durchquert die Kreta (ich bleibe bei meiner Definition des Gebietes) die Hofherrgasse und die Randhartingergasse und in Ost-West-Richtung der Beginn der Erlachgasse.

Was mir damals in meiner kindlichen Wahrnehmung nicht auffiel, war, dass die älteren Menschen des Viertels, jene, die in den alten, nicht durch Bombentreffer zerstörten Häusern lebten, noch an jene Zeit erinnerten, als es auf der Kreta auch viel Zwielichtiges gab. Die Gesichter der Menschen waren gezeichnet von den Jahren der Arbeit, der Not des Krieges und der Zwischenkriegszeit und all dessen, was ihr Leben ihnen bereitet hat.

Erstaunlich, aber sicher in Zusammenhang mit der beschriebenen Struktur und Geschichte der Kreta zu sehen, war die Tatsache, dass es drei Wirtshäuser gab. Alle drei an der Quellenstraße und zwar je eines an der Ecke zur Kempelengasse, zur Hofherrgasse und zur Randhartingergasse. Jedes war gekennzeichnet durch die geführte Biermarke. So gab es einen Ottakringer-, einen Liesinger- und einen Schwechater-Wirt. Der an der Ecke zur Kempelengasse, zu dem mich Sonntag Vormittag meine Eltern um eine Flasche dunkles Bier schickten, das sie zum Mittagessen gemeinsam tranken, war der Ottakringer Wirt. Wenn die Wissenschaft heute behauptet, dass das olfaktorische Gedächtnis des Menschen das am besten ausgebildete ist, so kann ich das als Wahrheit bestätigen. Nichts an diesem Gasthaus blieb mir so in Erinnerung wie sein Geruch. Es war diese Mischung aus gebohnertem Boden, verschüttetem oder abgestandenem Wein und Bier, kaltem Zigarettenqualm und dem Geruch der Wirtshausbrüder, die teils allein, teils zu mehreren, redend, kartenspielend oder nur schweigend an den Tischen saßen. Mehr habe ich nicht in meiner Erinnerung. Wie die Schank aussah und wie der Wirt? Ich weiß es nicht. Aber dieser Geruch, der blieb in meiner Nase haften. In den anderen Gasthäusern war ich nie. Meine Eltern tranken gelegentlich am Sonntag ihre Flasche Ottakringer Dunkles; ein Liesinger oder Schwechater kam da nicht infrage. Auch der alte Mann aus dem Nachbarhaus, der mir aus dem Fenster seiner Erdgeschosswohnung heraus ein paar Groschen gab und mich bat ihm aus dem Wirtshaus zwei „C“ zu bringen, schickte mich zum Ottakringer Wirten. Vielleicht muss ich hier erklären, was zwei „C“ sind. „C“, oder genauer „Austria C“ waren filterlose Zigaretten und neben den „Austria 3“, die es noch länger zu kaufen gab, die billigsten filterlosen Zigaretten und damit die Zigaretten der armen und einfacheren Leute. Der alte Mann schickte mich also gelegentlich um zwei „C“. Nicht zwei Packungen, sondern zwei Stück. Im Wirtshaus gab es die einzeln zu kaufen, „offen“ nannte man das. Um die paar Groschen Trinkgeld, die mir der alte Mann dann manchmal gab, konnte ich mir im Papier- und Zuckerlgeschäft in der Randhartingergasse ein Stollwerk kaufen.

Wenn ich schon über „Offenes“ kaufen und mein olfaktorisches Gedächtnis schreibe, muss ich auch etwas über das Milchgeschäft Prewein berichten. Die Frau Prewein, eine schon ältere resolute Dame, führte das Milchgeschäft an der Quellenstraße. Über ein paar Stufen hinauf ging man in das Geschäft, wo einem schon der Geruch saurer, ranziger Milch entgegen strömte. Obwohl im Gegensatz zum Ottakringer Wirtshaus alles immer blitzblank und sauber war, schien sie diesen ranzigen Geruch im Geschäft nie los zu werden. Die Milch verkaufte sie offen. Frau Prewein füllte die Milch mit ihren Messbechern zu halben und ganzen Litern und verkaufte sie an die einkaufenden Frauen, die sie in ihren emaillierten Milchkannen mit den Holzgriffen nach Hause trugen. Kühlschrank gab es in den meisten Haushalten noch keinen. Auch wir hatten keinen, aber das tägliche Einkaufen war kein Problem und eine Selbstverständlichkeit. Das Milchgeschäft der Frau Prewein mit seinem ranzigen Geruch saurer Milch war dann auch das erste, das die neuen Zeiten nicht überlebte und zusperrte. Die Milch gab es plötzlich im Packerl oder im Plastiksackerl und im neuen Supermarkt. Die Milchkannen der Hausfrauen landeten im Müll, wo sie gemeinsam mit den neuen Tetrapacks auf der Deponie am Laaerberg verschwanden.

Auf der Kreta gab es auch noch eine Parfumerie, eine Drogerie, ein Lebensmittelgeschäft, zwei Obst- und Gemüseläden und neben dem schon erwähnten Zuckerl- und Papiergeschäft auch einen Fleischhauer. Dort kaufte meine Mutter Fleisch und Wurst, obwohl sie regelmäßig mit der Qualität des Fleisches unzufrieden war, da, wie sie sagte, der Fleischhauer das Fleisch immer längs der Faser und nicht wie es richtig gehöre, quer zur Faser schneide. Aber es gab nur diesen einen und so kaufte sie eben dort.

Als nobleres Geschäft, soweit man dies auf der Kreta so nennen konnte, gab es auch eine Meinl-Filiale. Dort kaufte meine Mutter nur ihren Kaffee. Aus ihrer Zeit als Krankenschwester, die sich in zahlreichen Nachtdiensten wach halten musste, trank sie viel und gerne Kaffee und legte dabei auf Qualität großen Wert. Sonst wurde gespart, weil mein Vater als Alleinverdiener eine vierköpfige Familie zu erhalten hatte und sicher die Schuldenlast der neuen Eigentumswohnung drückte. Beim Kaffee gönnte sich meine Mutter diesen kleinen Luxus des Meinl-Kaffees. Ein Packerl Jubiläumsmischung, der in der Filiale aus hohen, messingglänzenden Tonnen abgefüllt, gewogen und gleich frisch gemahlen wurde. Der kleine Luxus des kleinen Lebens.

Neben dem Meinl an der Ecke Quellenstraße Absberggasse war noch ein Fisch- und Geflügelgeschäft. Freitags gab es manchmal gebackenen Fisch und meine Mutter kaufte dort Filets vom Kabeljau oder der Scholle. Auch in diesem Laden bemühe ich mein olfaktorisches Gedächtnis. Aber Fischgeruch im Gedächtnis zu behalten ist wohl nicht allzu schwer. Eher andere Eindrücke. Das große

Aquarium mit den träge darin stehenden Karpfen oder die, je nach Saison, an Fleischerhaken hängenden Hasen und Fasane, deren bunte Schwanzfedern im Licht oszillierten. Aber Derartiges kaufte meine Mutter dort nie. Scholle oder Kabeljau, mehr nicht.

Ein Geschäft möchte ich nicht vergessen zu erwähnen, die Kohlenhandlung. An der Quellenstraße in einem Souterrainlokal gab es einen Brennstoffhändler. Bemerkenswert war aber nicht sein Geschäft, das ich auch nie betreten habe und das ich nur von außen kannte, sondern vielmehr sein Transportfahrzeug. Das war ein kleiner offener Wagen mit drei Rädern; eines vorne und zwei hinten. Vorne, direkt über dem Vorderrad, stand der Kohlehändler und steuerte das Fahrzeug. Hinten war eine vielleicht zwei Mal eineinhalb Meter große Ladefläche ohne Bordwand auf der er die Kohlesäcke, die Briketts oder das Unterzündholz, welches mit Draht zu einem Rad zusammengebunden war, transportierte. Hinten auf diesem Wagen war noch ein Schild angebracht auf dem stand: „9 km/h“. Ich denke schneller ging dieses Gefährt ohnehin nicht. Nummerntafel hatte es, glaube ich, keine. Wir kauften allerdings den Koks, mit dem wir unseren Mellerkamin im Winter heizten, nicht bei diesem Händler. Wir kauften jeweils im Sommer das Brennmaterial für den ganzen Winter. Aber der Brennstoffhändler tuckerte mit seinem Wägelchen winters immer durch die Kreta und versorgte die Menschen mit Brennmaterial. Ich wusste, dass wir sommers kauften, da, wie mir meine Eltern erklärten, der Koks dann zu Einlagerungspreisen wesentlich billiger sei und wir in unserem Kellerabteil im Haus auch ausreichend Platz zur Lagerung hätten. Da kam einmal im Sommer ein ganzer LKW der Firma Wihoko zu uns und die Männer trugen den Koks sackweise in unseren Keller. Sicher hatten die Kunden des kleinen Kohlenhändlers auch entsprechende Lagerräume in ihren Kellern, aber wahrscheinlich hatten sie nie so viel Geld um Brennmaterial für den ganzen Winter auf einmal zu kaufen. So kam eben wöchentlich der Kohlenmann aus der Quellenstraße mit seinem, ein wenig an ostasiatische Tuk-Tuks erinnernden Gefährt und brachte Koks, Briketts oder Holz, in späteren Jahren auch Heizöl.

Oben in der Kempelengasse gab es auch eine Schule, eine Hauptschule. Mit der hatte ich damals aber nie etwas zu tun. Als Volksschulkind nicht. Später blickte ich mit der Überheblichkeit eines Gymnasiasten ohnehin auf die Hauptschüler arrogant herab und hätte mich mit diesen nie auseinandergesetzt. Erst vierzig Jahre später, aus der Hauptschule wurde inzwischen eine Berufsschule, wurde ich von der Direktorin einmal dorthin gerufen, weil mein Sohn, der diese Berufsschule besuchte, völlig zugekifft in die Schule gekommen ist und ich ihn abholen sollte. Das war das einzige Mal, dass ich diese Schule betreten habe und das ist auch eine ganz andere Geschichte …

Weihnachten

Weihnachten regnete es immer. Ich habe kein kindliches Erinnern an Weihnachten ohne Regen. Von wegen „weiße Weihnachten"! Die gab es in den Waggerl- und Roseggergeschichten, aber nicht in Wirklichkeit. Zumindest nicht in Wien und in meiner Kindheit. Der Schnee, der angeblich zu Weihnachten besonders leise rieselt, ist mindestens ein so kitschiges Klischee wie Engelshaar und das süße Kindlein in der Krippe.

Am Nachmittag des 24. Dezembers, jener Tag, den manche schon als Weihnachten, andere als den Heiligen Abend bezeichnen, musste ich mit meinem Vater immer spazieren gehen. Wir gingen in die diversen Kirchen der Umgebung. Krippen schauen, hieß das. Ohne eine Erinnerung an eine der Krippen in den Kirchen Sankt Anton, jene am Keplerplatz oder sonst wo zu haben, glaube ich, dass alle Krippen gleich aussahen: eine kleine offene Holzhütte, darin eine glückselig lächelnde Maria und daneben ein ergriffen blickender Josef und zwischen den beiden ein dralles lächelndes Kind in der Krippe; drum herum ein paar staunende Hirten (immer männlich!) und eher teilnahmslos, aber auch mit der Situation angepasstem würdevollen Blick die Tiere: Ochs, Esel und Schafe; am Dach des Stalles ein strahlender goldener Stern. Die Unterschiede der Krippen lagen wahrscheinlich in Details, welche ich damals nicht wahrnahm. Aber wenigstens regnete es in den Kirchen und vor den darin befindlichen Krippen nicht.

So ging ich mit meinem Vater Weihnachten für Weihnachten die stillen Gassen Favoritens, des zehnten Wiener Gemeindebezirks, ab. Außer anderen Vätern oder Großeltern, die ebenfalls den gleichen weihnachtsnachmittäglichen Rundgang mit ihren Kindern oder Enkeln machten, war niemand auf den Straßen anzutreffen.

Die Begründung, warum mein Vater und ich bei diesem Wetter, bei dem wir unter anderen Umständen zu Hause geblieben wären und ein Spiel gespielt hätten, hinaus mussten, war einleuchtend. Das Christkind hätte nicht in Ruhe seine Arbeit tun können und wäre, wenn ich zu neugierig, zu unruhig oder gar zu schlimm gewesen wäre, unverrichteter Dinge weiter geflogen und nichts wäre es gewesen mit Weihnachten. Das leuchtete mir ein!

Überhaupt war vieles, eigentlich alles, zu Weihnachten einleuchtend. Irgendwie! Welche Aufgaben das Christkind zu erfüllen hatte und welche von meinen Eltern übernommen wurden, war zwischen diesen klar geregelt. Der Einkauf des Christbaumes war Aufgabe meiner Eltern. Einige Tage vor Weihnachten gingen meine Eltern mit mir Christbaum kaufen. Es war immer eine Fichte. Die stand zwar beim Abräumen am Dreikönigstag schon mehr oder weniger nackt und nadellos da, war aber wesentlich billiger als eine Tanne. Anderen Kindern brachte das Christkind den fertigen Christbaum. Uns nicht. Wir kauften ihn selber und stellten ihn dem Christkind zur Verfügung, denn das Aufstellen und Befestigen im Christbaumkreuz war Aufgabe meines Vaters. Danach wurde das Zimmer, in dem der Baum stand, verschlossen, damit das Christkind in Ruhe seiner Tätigkeit nachkommen konnte. Meine Eltern sorgten aber nicht nur für den Baum, sondern für den Baumschmuck und die Süßigkeiten. Das Aufbinden der Windringerl, der Patiencebäckerei und der in Seidenpapier eingewickelten Schokoladestücke haben wir alle gemeinsam schon an den Adventabenden erledigt. Das alles wurde neben den noch ungeschmückten Baum gestellt. Das Christkind hatte also nur mehr die Aufgabe den Baum mit den bereitstehenden Glaskugeln, Kerzen und Süßigkeiten zu schmücken, die von ihm mitgebrachten Geschenke rund um den Baum zu platzieren, die Kerzen und die Sternspucker anzuzünden, das Glöckchen zu läuten und danach möglichst rasch zu verschwinden, damit ich es nicht mehr sehen konnte.

Das alles war, wie gesagt, irgendwie einleuchtend. Was mir nicht ganz einleuchtete, von mir aber nicht hinterfragt wurde, war die Tatsache, dass an diesem Nachmittag das Christkind zwei Mal zu uns gekommen sein muss. Beim ersten Mal, dann, wenn ich mit meinem Vater draußen im Regen von Kirche zu Kirche Krippen schauen gegangen bin, kam es, um den Baum zu schmücken und die Geschenke vorbei zu bringen. Wenn ich dann mit meinem Vater durchnässt und durchgefroren nach Hause kam, gab es das Weihnachtsessen. Gebackenen Fisch: Dorsch oder Scholle oder Kabeljau. Niemals Karpfen, erklärte meine Mutter, denn die hätten zu viele Gräten, was für mich als Kind gefährlich sei, seien fett, was der Magen meines Vaters nicht vertrüge, und überhaupt würden sie letteln, was sie nicht möge. Während des Essens oder kurz danach muss das Christkind dann noch einmal vorbei gekommen sein. Aber da kam es nur mehr um die Kerzen anzuzünden und das Glöckchen läuten.

Später, als mir meine Eltern erklärten, dass es kein Christkind gebe, sie die Geschenke gekauft hätten und meine Mutter und mein großer Bruder den Baum geschmückt hätten, raubten sie mir nur die Illusion des ersten Christkindbesuches am Heiligen Abend. Den zweiten Besuch, den mit dem Kerzenzünden, wollte ich mir nicht nehmen lassen, denn ich war felsenfest der Überzeugung, dass wir immer alle gemeinsam am Esstisch gesessen sind, als das Glöckchen läutete. Niemand war vom Tisch aufgestanden. Wer also hätte dann das Glöckchen läuten sollen, wenn nicht das Christkind höchstpersönlich?

Der Berka Heini

Der Berka Heini war nicht mein Freund. Er war mit mir in derselben Klasse der Volksschule, wohnte nur zwei Häuser weiter in der Kempelengasse 6 und hatte deshalb denselben Schulweg. Dieser gleiche Schulweg war die Gemeinsamkeit, die uns verband, und da ist man als Kind schnell und leichtfertig mit dem Wort „Freund“ zur Stelle. So nannte ich den Berka Heini bald „meinen Freund“ obwohl er es, aus der heutigen Distanz betrachtet, zu keinem Zeitpunkt war.

Meine Mutter war froh, dass ich jemanden für den gemeinsamen Schulweg gefunden hatte, der nahe genug wohnte und der nicht so ein Gassenbub wie der Hansi Straub oder der Mischa Loisi war. Das gab ihr als ängstlich-besorgte Mutter ein wenig Sicherheit. Der Berka Heini war doch aus einer anständigen Familie, die sich für sie wohltuend von den anderen Kindern der Kreta abhob. Einige Zeit später, nach näherem Kennenlernen und manchem Konflikt sah sie das wesentlich kritischer. Meine Mutter war aber immer gegenüber Menschen, die nicht so wie sie dachten und lebten, kritisch eingestellt. Mir war es egal und ich nannte den Heini meinen Freund. Zunächst.

Meine Mutter hat wahrscheinlich rasch erkannt, dass ich zu Heini, der schon als Volksschulkind Arroganz ausstrahlte, aufblickte und versuchte ihn nachzuahmen. Das wollte sie nicht. Sie wollte einen starken und selbstbewussten Sohn. Einen Sohn, so ganz anders als ihren Mann, meinen Vater, den sie, wie ich heute glaube, wegen seiner äußeren Schwäche immer geringschätzte. Das ließ sie mich, wenn auch unbewusst, spüren. Doch war ich meinem Vater näher, als ihr lieb war. Ich war schüchtern, unsicher und damit bei Spielen immer der Zweite, nie der „Leader“. Der Heini war ein Anführer und verstand es noch dazu dies mir gegenüber auszuspielen und auszunutzen. Ich erkannte das erst später und so ab der dritten oder vierten Volksschulklasse verlor ich den Kontakt zu ihm immer mehr, bis er nach Ende der Volksschule gänzlich aus meinem Leben verschwand.

In den ersten beiden Klassen waren wir jedoch unzertrennlich. Er hatte auch einiges, womit wohl niemand in unserer Klasse mithalten konnte. Sein Vater war Berufstaucher. Was für ein Beruf für siebenjährige Buben, die von Abenteuern und Heldentum schwärmen? Es war damals der erste einer Reihe von unzähligen Versuchen den legendenumwobenen „Nazischatz" aus dem Toplitzsee zu bergen. Angeblich haben die Nazis kurz vor der unabwendbaren Niederlage ihren Schatz, Gold, Geld, Wertpapiere und Dokumente in den Tiefen des Toplitzsees versenkt, um sie entweder bis zu dem Zeitpunkt zu sichern, den sie in ihrem Größenwahn noch immer erträumend, „Endsieg" nannten, oder – was wahrscheinlicher ist – um ihn wegen der drohenden Niederlage vor den Alliierten zu verbergen und ihn zu gegebenem Zeitpunk dort wieder hervorholen zu können, um Flucht und Prozesse zu finanzieren. Heinis Vater war einer der Taucher, die im Toplitzsee nach besagtem Schatz suchten. Die Medien berichteten ausführlich über die Tauchgänge. Gefunden wurde wertloser Tand, jedenfalls kein Schatz. Auch zahllose spätere Tauchversuche in diesem tiefen kalten Bergsee lieferten nichts, was man nur annähernd als Schatz bezeichnen konnte. Heini konnte jedenfalls mit Kronenzeitungsausschnitten prahlen, die seinen Vater als Taucher am Toplitzsee zeigten. Einmal brachte er nicht die Kronenzeitung mit, sondern gefälschte Banknoten. Ich glaube es waren Dollar- oder Pfundnoten. Das besondere an diesem Falschgeld war, dass es nur einseitig bedruckt war. Die Rückseite war einfach unbedruckt weiß. Die Nazis müssen da schon ziemlich in der Bredouille gesteckt sein oder ihre Gegner für grenzenlos verblödet gehalten haben, dass sie sich zu derart plumpen Fälschungen hatten hinreißen lassen. Das war mir damals nicht bewusst, als Kind bewunderten ich und die ganze Klasse diese Falschgeldnoten, denen, obwohl getrocknet, die fast zwanzig Jahre Wasser anzusehen waren. Damit konnte Heini punkten.

Taucher! Das war etwas! Kein Kind konnte mit einem ähnlich spannenden Beruf seines Vaters prahlen. Da war Heini nicht zu übertreffen.

Später, als die Suche der Taucher im Toplitzsee aus den Medien verschwand und damit auch Heinis Möglichkeit mit seinem Vater zu prahlen, sank auch die bewundernde Wertschätzung der Mitschüler unserer Klasse. Aus dem tollen Vater wurde abwertend und den Heini hänselnd ein „Klomuscheltaucher". Für Heini war es Spott über seinen heldenhaften Vater. Für uns Kinder die Möglichkeit sein Prahlen zu stoppen und seine Überheblichkeit auf jenes Maß zu reduzieren, welches gemäß war und ihm zukam.

Dass ich seinen Vater nur ein- oder zweimal in der ganzen Volksschulzeit zu Gesicht bekam, spielte keine Rolle und war nicht wichtig und von Bedeutung. Entweder war er bedingt durch seinen außergewöhnlichen Beruf so viel unterwegs oder er lebte getrennt von seiner Frau. War es Letzteres, so wurde das von der Familie jedenfalls gut verborgen. Immer war nur seine Mutter präsent. Eine Frau, die, wie der Heini, viel mehr vorgab zu sein, als sie tatsächlich war.

Was mir noch an Heini imponierte und wozu meine Eltern nie zu bewegen waren, waren seine Urlaube. Während wir dreimal nach Stockwinkel (allein wie der Name schon klingt!) am Attersee im Siemensheim urlaubten, schickte mir Heini eine Ansichtskarte aus Rimini. Rimini, wie das schon klang! Sonne, Sand und Meer. Welch Unterschied zu Stockwinkel am Attersee! Da italienisches Flair und dort Schwammerlsuchen, Wandern, karges Leben im Siemensheim. Der Neid konnte einen fressen. Nie fuhren wir ans Meer, das ich so gerne gesehen hätte. Immer blieben wir in Österreich; wie sehr ich es mir gewünscht habe, einmal nur nach Italien zu fahren.

Heini hatte noch zwei jüngere Geschwister.

Eine Schwester, die Uschi, ein hübsches Mädchen mit dunklen Haaren und dunklen Augen. Ich war verliebt in sie in einer Art und Weise, wie nur ein siebenjähriger Volksschüler lieben kann. Die Zuneigung war von einer tiefen und unerreichbaren, einseitigen Art, die das Fremde, das Weibliche mystisch verklärt. Das erste Erkennen eines kleinen Buben, der da merkt, dass es etwas anderes, Unbeschreibliches und Unerreichbares gibt, schafft ein Gefühl, welches sich nie wieder im Leben wiederholen lässt. Dieses erste Empfinden von Weiblichkeit jenseits der eigenen Mutter und all der Mütter der Umgebung war so neu und verwirrend. Ich weiß nicht, ob die Uschi mich wahrgenommen hat, ob sie meine bubenhaften Gefühle erkannt hat. Aber unerwiderte Gefühle sind doch die tiefsten …

Einmal, bei einem Spiel mit meinem Cousin Leo und seinen Freunden in Neudorf war in einem Auszählreim die Frage nach dem Namen der Liebsten zu beantworten und ich sagte in meiner unbefangen kindlichen Art: „Uschi“. Die Neudorfer Buben, wo anscheinend alle Mädchen zu der Zeit Liesl, Mizzi oder Gretl hießen, lachten mich aus, weil ich Uschi sagte. Ich verstand es nicht und erst meine Mutter musste mir erklären, dass ich auf die Frage der Liebsten einfach Liesl, Mizzi oder Gretl sagen solle und nicht den städtischen, für die Landbuben ulkig klingenden Namen Uschi. So lernte ich zweierlei. Dass die Mädchen am Land anders heißen als in der Stadt. Und dass man den wahren Namen seiner Liebsten besser für sich behält. Das war die Uschi.

Der Heini hatte auch einen Bruder, an dessen Vornamen ich mich nicht mehr erinnere. Er war der Jüngste der drei Geschwister. Ich habe mich solange mit ihm gut verstanden, bis er mich eines Tages verraten hat und mich in eine schwierige Situation brachte. Ich hatte ihm gegenüber, aus irgendeinem Anlass heraus, unseren Religionslehrer und Katecheten Pater Richard, als Arschloch bezeichnet. Heinis Bruder hatte nichts Besseres zu tun, als dies dem Pater Richard zu petzen. Mehr hab' ich nicht gebraucht. Wie die Sache ausgegangen ist, weiß ich nicht mehr. Unendlich peinlich war sie für mich jedenfalls.

Der Heini hatte auch eine besondere Art Hochdeutsch zu sprechen. Eine der Besonderheiten seiner Sprache war es, das Wort „daß", also jenes mit scharfem „ß", welches im Zuge der Rechtschreibreform in ein zweiessiges „ss" umgewandelt wurde, nicht als „daß" auszusprechen, sondern in dem für seine Ohren scheinbar nobler klingenden „doß". Also mit „O" anstelle des „A". Angepasst, wie ich war, übernahm ich seine Sprechweise. Meine Mutter störte das gewaltig, denn es war nicht nur sprachlich falsch, was noch das geringere Übel gewesen wäre, es war für sie ein Zeichen meiner Angepasstheit an den Heini. Sie wollte und wünschte mich eben anders. Stärker, individueller und nicht als Epigone eines Schulfreundes. Als ich bei meinen Aufsätzen und Rechtschreibübungen vermehrt Probleme damit bekam das scharfessige „daß" vom einessigen „das" zu unterscheiden, half sie mir jedoch damit, dass ich immer dann, wenn ich „doß" sagen könnte, „daß" schreiben solle, und immer, wenn ich „das" sagen würde, auch „das" schreiben solle. Das prägte ich mir ein und ich hatte eine rechtschreiberische Eselsbrücke im Sinne von „wer nämlich mit „h" schreibt, ist dämlich".

Das blieb mir von Heini. Eine Eselsbrücke für die Rechtschreibung.

Fasching

Meine Mutter war nur durchschnittlich handwerklich begabt. Sie kannte und konnte das, was sie in der Hauptschule in Laa im Handarbeitsunterricht gelernt hatte und vielleicht ein wenig später noch Angelerntes. Sie strickte uns Pullover und Strümpfe, sie stopfte die Socken, wenn sie Löcher hatten, und sie repassierte so gut es eben ging ihre Nylons. Gelegentlich stickte sie eine Spitzendecke, aber viel mehr an Handarbeiten tat sie nicht. Aber sie besaß eine Nähmaschine, eine schwere gusseiserne hellgrüne Zündapp, auf der sie kleinere Näharbeiten verrichtete. Das Ding hatte eine komplizierte Mechanik. Allein das Einfädeln des Zwirnfadens verlangte ihr ungeahnte Fingerübungen ab. Die Geschwindigkeit mit der sich Nadel und Zwirn dann durch die Stoffe bohrten und Stück um Stück zusammennähten, wurde mit einem Pedal geregelt, welches über ein Kabel mit der Maschine verbunden war.

Ich kann mich nicht erinnern, dass sie mir je etwas genäht hätte. Am ehesten noch für sich selbst ein einfaches Hauskleid oder einen Leibrock. Geflickt oder repariert ja, aber nichts Neues genäht.

In der Faschingszeit wurde in der Schule in der Laimäckergasse Fasching gefeiert und wir Kinder durften verkleidet in die Schule kommen. Einen ganzen Schultag verkleidet und zur Jause gab es Faschingskrapfen. Für Buben gab es nur zwei Möglichkeiten eines Kostümes. Entweder eine Verkleidung als Indianer wie Winnetou – Pierre Brice oder als Cowboy oder Trapper wie Old Shatterhand – Lex Barker. Die Winnetoufilme liefen damals in den Kinos, und immer, wenn ein neuer Film der Serie herauskam, durfte ich Sonntags in die Nachmittagsvorstellung des Hubertuskinos in der Quellenstraße gehen. Ich sah den neuesten und spannenden Film und meine

Eltern hatten mal einen Nachmittag für sich. Letzteres war mir – sicher im Gegensatz zu meinen Eltern – egal.

Meine Mutter griff also zur Faschingszeit zu ihrer Zündapp, nahm eine alte blaue Schlosserhose, verkürzte sie und nähte einen gelben Flicken darauf. Aus grünem Stoff nähte sie mir eine Schürze und aus rotem eine Zipfelmütze und fertig war das Zwergerlkostüm. Dazu bekam ich aus Watte einen Bart und mit ihrem Lippenstift rote Wangen aufgeschminkt. Alle Kinder meiner Klasse, oder zumindest fast alle, gingen als Cowboy oder Indianer zum Faschingsfest, nur ich kam als Zwergerl. Für mich eine unvorstellbar peinliche Situation, und es war mir völlig gleichgültig, dass die anwesenden Eltern mich „lieb" fanden. Meine Mutter mag über dieses Lob ihrer Arbeit stolz gewesen sein, ich war es nicht.

An die späteren Schulfaschingsfeste kann ich mich nicht mehr erinnern, weshalb ich mir sicher bin, dass meine Kostüme weniger peinlich waren. Trotzdem durfte ich nie als Indianer oder Cowboy auf das Fest gehen.

Hansi Straub Hansi

Als wir von Aspern nach Favoriten zogen, ging ich nicht mehr in den Kindergarten. Ein Fehler meiner Eltern, der sich während der Volksschulzeit in einer Unbedarftheit meinerseits in einer der wildesten Gegenden des zehnten Wiener Gemeindebezirkes, der Kreta, widerspiegeln sollte.

Wohlbehütet und ahnungslos hinsichtlich der Rangordnung der Favoritner Buben wurde ich im September 1961 in der Volksschule Laimäckergasse eingeschult. Die erste Zeit, als mich meine Mutter noch zur Schule begleitete und von dieser abholte, passierte nichts. Irgendwann war sie der Meinung, ich kenne den Schulweg zur Genüge und könne ihn gefahrlos und sicher bewältigen. Was damals gefährlich war, von regem Autoverkehr konnte ja noch nicht wirklich die Rede sein, ist mir nicht klar, aber der Blickwinkel über die Gefährlichkeit des Verkehrs war damals mit Sicherheit ein anderer. Die einzig möglicherweise als gefährlich einzustufende Kreuzung war die der Absberggasse mit der Quellenstraße, die ich queren musste. Vor allem die Lieferwägen der Ankerbrotfabrik, die mit hohem Tempo die Absberggasse hinunter rasten, hatten schon etwas rücksichtslos Gefährliches an sich.

Diese Gefahr kannte meine Mutter. Von der Gefährlichkeit von Bubenbanden aus dem Gemeindebau für ein behütetes Kind wie mich hatte sie natürlich keine Ahnung.

Einer der wildesten ging mit mir in die Klasse: Hansi Straub. Er wohnte im Gemeindebau, der die Randhartingergasse mit der Hofherrgasse verband, war klein, drahtig schon als Volksschulkind und konnte phantastisch-abenteuerliche Geschichten von Raufereien zwischen seiner Bande, der von ihm sogenannten Bau-Bande mit der Arsenalbande von jenseits der Ostbahn berichten. Er berichtete von großen Raufereien mit Toten und Verletzten; schlimme Gemetzel inszenierte er in ausholenden Worten.

Seine Gefährlichkeit untermauerte er mit regelmäßigem Verprügeln ihm nicht freundlich gesinnter Mitschüler. Manchmal zwang er mich ihm die Schultasche zu tragen. Eine Verweigerung führte zwangsläufig zu einer schrecklichen Rauferei, in der er immer Sieger blieb. Er war einfach der schnellste, geschickteste und kräftigste Raufer in der ganzen Klasse. Alle fürchteten seine Fäuste. Ich auch.

Aber er war nicht mit sonderlichen Geistesgaben gesegnet. Als ihn die Lehrerin am ersten Schultag nach seinem Namen fragte antwortete er strahlend: „Hansi – Straub – Hansi".

Einmal war ich länger krank und meine Mutter traf ihn auf der Gasse und erkundigte sich, welchen neuen Buchstaben wir denn während meiner Absenz gelernt hätten. Er kam zwar gerade von der Schule, wusste aber nicht mehr, was er eben gelernt hatte, und sagte meiner Mutter „na, ... so ein … O … mit einem Stricherl unten dran". So ist der Buchstabe „Q" für mich bis heute untrennbar mit „Hansi Straub Hansi" verbunden.

Nach der ersten Volksschule kam er weg. Wahrscheinlich in eine Hilfsschule, wie die Sonderschulen damals genannt wurden, und ich verlor ihn aus den Augen, obwohl er nur eine Gasse weiter wohnte. Erst viele Jahre später tauchte er noch einmal kurz in meinem Leben auf.

Mein Vater trat in den fünfziger Jahren, weniger aus Überzeugung, als in der Hoffnung auf eine Gemeindewohnung, der SPÖ bei. Der monatliche Mitgliedsbeitrag wurde damals noch von den Kassierern der lokalen Sektion, die von Tür zu Tür zu ihren Mitgliedern gingen, einkassiert. Der Besuch des Kassiers war der einzige Kontakt meines Vaters zur Partei. In die Sektion ging er nie. Der Kassier war immer freundlich, nahm das Geld und gab meinem Vater dafür eine Klebemarke, die er dann in sein rotes Mitgliedsbuch einklebte. Vor Wahlen kam er extra um Spenden, deren Einhebung er mit dem Hinweis verband, dass mein Vater doch die SPÖ wählen solle. Aufgrund seiner Distanz zur lokalen Sektion war man sich dort anscheinend nicht so sicher.

Irgendwann, es muss zwölf oder dreizehn Jahre nach den Erlebnissen in der ersten Volksschulklasse gewesen sein, kam ein neuer Parteikassier zu meinem Vater. Es war Hansi Straub Hansi.

So hatte der große Raufbold mit dem großen Mundwerk, der sonst mit nur wenigen Gaben ausgestattet war, doch noch eine kleine Karriere gemacht.

Mischa Loisi

Der Mischa Loisi wohnte bei seiner Großmutter in unserem Nachbarhaus in der Kempelengasse 4. Im Gegensatz zu unserem Haus, welches Ende der Fünfzigerjahre neu errichtet wurde, war das Viererhaus ein klassisches altes Mietshaus mit Zimmer-Küche-Wohnungen, einer Bassena auf jedem Stockwerk und dem Klo am Gang. Es war ein altes Haus, mit endlos langen Gängen, wo sich Tür an Tür reihte und neben jeder Wohnungstür war das Gangfenster der kleinen Küche. Das Haus war ebenso heruntergekommen wie der Großteil seiner Bewohner. Viele dürften die Trübsal ihres Daseins in diesen Lebensumständen in Alkohol ertränkt haben. Laute Streitigkeiten bis hin zu Polizeieinsätzen waren zwar nicht an der Tagesordnung, kamen aber schon gelegentlich vor. Für mich als behütetes Kind eines Elternhauses, wo Derartiges niemals geschah, hatten diese gelegentlichen Vorfälle einen besonderen Reiz. Das Leben, der Alkohol und die Kriminalität, diese drei, die ich, was die beiden Letzteren betrifft, Gott sei Dank und was das Erstere betrifft, leider, aus meinem Elternhaus nicht kannte, lebten hier nah beieinander und waren auf mir unerklärliche Weise ineinander verwoben.

Die Großmutter des Loisi war eine alte Frau, zumindest schien sie mir so. Ich denke, sie wird damals vielleicht fünfzig Jahre alt gewesen sein, sah aber nicht nur für mich als Kind, für die alle Erwachsenen alt erscheinen, alt aus, sie war es auch. Eine Frau, die das Leben gezeichnet hat und die nun für ihren Enkel lebte und mit der Erziehung desselben sicher überfordert war. Eltern hatte der Loisi keine, zumindest keine, die je einmal präsent waren. Sein Vater sei Boxer, erzählte der Loisi. Ob das gestimmt hat oder ob er es, nur um auch einen möglichst auf die anderen Kinder groß wirkenden, heldenhaften Vater zu haben, konstruiert hat, weiß ich natürlich nicht. Es war auch nicht zu überprüfen. Von seiner Mutter erzählte er nie.

Der Loisi ging mit mir in die gleiche Volksschulklasse und er war das, was man einen Gassenbuben nannte. Die Wohnverhältnisse dieser Gassenbuben trieben sie eben auf die Gasse. Dort waren sie zu Hause. Ein bisschen Huckleberry Finn, was den behüteteren Kindern, wie ich oder auch der Berka Heini waren, imponierte, aber nicht so schlimme Schläger und auch nicht so unsäglich dumm wie der Hansi Straub. Mit dem Mischa Loisi durften wir auf der Gasse Fußball spielen oder mit unserem Roller die Kempelengasse bergan bis zur Quellenstraße fahren, um dann bergab eine Wettfahrt zu veranstalten. Natürlich war uns der Loisi in allem überlegen. Gegen einen Gassenbuben hatten wir Braven keine Chance. Das imponierte uns und erzeugte Respekt.

Dem Loisi wiederum imponierten die noch schlimmeren, noch wilderen Gassenbuben. So versuchte er sie mit fortschreitendem Alter nachzuahmen. Der Hansi Straub beispielsweise hielt sich andere, schwächere Kinder, die ihm am Schulweg die Schultasche tragen mussten. Wer sich weigerte, wurde von ihm brutal verdroschen. Das wollte der Loisi auch, und da ich im Nachbarhaus wohnte, hatten wir den gleichen Schulweg. Er wollte also, dass ich seine Schultasche trage. Ich war im Raufen ziemlich schlecht. Ich ging Raufhändeln meist aus dem Weg und dann, wenn sie sich nicht vermeiden ließen, war ich meistens unterlegen. Das wusste der Loisi natürlich. Normalerweise wäre das eine klare Sache gewesen: Er war stärker als ich. Doch sein Ansinnen machte mich so zornig und wütend und ich weigerte mich. Es kam, wie es kommen musste: Er begann mit mir zu raufen. Der Zorn stärkte mich. Irgendwie bekam ich ihn in den Schwitzkasten, aus dem er sich nicht mehr befreien konnte. Er hatte verloren. Ich hatte gewonnen! Nie mehr verlangte er von mir, dass ich seine Schultasche trage. Es war zweifellos mein größter Sieg, den ich je bei einer Rauferei davongetragen hatte. Er machte mich stolz und ich glaube, der Loisi hat auch nie mehr von irgendjemand anderem verlangt, dass er ihm die Schultasche trägt.

Werner und die Dame von der Fürsorge

Mein Bruder Werner ist sieben Jahre älter als ich. Als Kind bewunderte ich ihn und liebte ihn. Er war so groß und schon so reif, ein wirklich großer Bruder, wie kleine Brüder es sich wünschen. Ein erfüllter Traum. Mein unerfüllter Traum galt immer einer kleinen Schwester – ein Wunsch, den mir meine Eltern nicht erfüllten, nicht erfüllen wollten – und nicht einem zweiten Bruder, denn mit meinem großen Bruder war ich zufrieden, mehr als zufrieden. Eine kleine Schwester wünschte ich mir deshalb, weil ich auch gerne ein großer Bruder gewesen wäre, einer, auf den aufgeblickt wird. Warum ich mir aber eine kleine Schwester und nicht einen kleinen Bruder wünschte, kann ich nicht sagen. Vielleicht kam es daher, dass ich glaubte, dass ich die Erfordernisse, ein großer Bruder für einen jüngeren zu sein, nicht so ausfüllen konnte wie Werner. Ich meinte wahrscheinlich, dass es gegenüber einer jüngeren Schwester leichter sei, die Rolle des großen Bruders zu spielen als gegenüber einem Buben. Groß, stark, heldenhaft. Auch die noch unverformten Gedanken eines Kindes sind nie frei von Irrtümern. Aber von alledem, was männlich, was weiblich, was Bruder, was Schwester sein bedeutet, hatte ich damals noch keinen Begriff.

Ich hatte einen großen Bruder und zu dem konnte ich aufschauen. Das war genau das, was ich brauchte und wollte. Er war mein Vorbild. Die kritische Distanz, der Abstand, die kamen erst viel später. Den Zeitpunkt dieser Wende kann ich heute mit großer Genauigkeit mit meinem Eintritt ins Gymnasium in der Gottschalkgasse und verstärkt dann in der Zeit meiner Pubertät festmachen. Die wirklich unbeschwerten Jahre des Stolzes auf ihn waren meine Volksschuljahre.

Aber was wusste ich von ihm, wer er war, was er dachte und was er ist? Damals wie heute? Nichts oder jedenfalls sehr wenig. Seinen Charme, seine Eloquenz, diese ganze Oberflächlichkeit des „everybody's darling", die hat er früh entwickelt und diesem Glanz bin ich als Kind erlegen. Er war klug, wusste viel und es gelang ihm schon als Jugendlicher Menschen in seiner Umgebung in seinen Bann zu ziehen. Auch mich. Die Rolle des großen Bruders verstärkte dieses Bild. Dazu kam, dass er, ohne besonders fleißig zu sein, ein guter Schüler war. Die Lehrer schätzten ihn, seinen wachen Geist und seine freundliche Art. Genau das wurde zu meinem Problem bei meinem Eintritt in das Gymnasium in der Gottschalkgasse. Die Verwechslung seines Charakters mit dem Meinigen, die Projektion seines Typus' in meinen, machte mir zu schaffen. Manche Lehrer begriffen nicht unsere Unterschiedlichkeit und meinten ich müsse so sein wie er. Ein fatales Missverständnis, welches letztlich – ich will nicht sagen ausschließlich, aber doch – zu meinem Scheitern im Gymnasium beitrug.

Aber das geschah erst viel später. Zunächst war er nichts als mein großer Bruder.

Von Zeit zu Zeit, ich weiß nicht mehr, wie oft und wie regelmäßig, besuchte uns eine junge Frau in unserer Wohnung in der Kempelengasse. Wenn sie kam, führte sie immer ein langes und intensives Gespräch mit meiner Mutter. Ich weiß nicht mehr, was sie sprachen, aber ich merkte, dass sich die Gespräche ausschließlich um Werner drehten und dass ich in diesen Gesprächen nicht oder im besten Fall am Rande vorkam. Meist spielte ich am Fußboden daneben, wenn diese Frau mit meiner Mutter redete. Es störte mich, dass eine fremde Frau zu uns kam, die sich nur für Werner interessierte. Warum kam ich in den Gesprächen nicht vor, wo sie doch „uns" besuchte? Wenn sie sich schon für die Kinder interessiert, warum dann nur für Werner und niemals für mich? Ich war doch der Kleine, der Schwache, der Schutzbedürftige. Er doch ohnehin der Große, der sich und sein Leben im Griff hatte.

Einmal, nachdem die Frau wieder gegangen war, nahm mich meine Mutter beiseite und eröffnete mir, dass sie mit mir reden, mir etwas sagen müsse. Ich spürte ihre Anspannung. „Weißt du", sagte sie, „der Werner hat einen anderen Vati als du." Meine Reaktion muss für sie ebenso überraschend wie erleichternd gewesen sein, denn ich antwortete ihr mit kindlicher Direktheit, dass ich mir das ohnehin schon die längste Zeit gedacht hätte, da ich wusste, dass sie und Vati 1953 geheiratet hatten und Werner 1948 geboren sei. Damit war das Gespräch auch schon beendet. Sie war sichtlich erleichtert, dass das, was ihr vorher so schwer gefallen war auszusprechen, von mir mit solcher Leichtigkeit aufgenommen wurde und sie sprach nie mehr darüber. Für mich war die Tatsache der verschiedenen Väter von Werner und mir überhaupt kein Problem und für mein Leben völlig belanglos.

Erst viel später, vor wenigen Jahren, als meine Mutter längst verstorben war, wollte ich auch einiges über diesen ihren ersten Mann ihres Lebens (mit dem sie allerdings nie verheiratet war) in Erfahrung bringen. Ich wollte mehr über meine Mutter, ihr Leben und warum sie so war, wie sie war, wissen. Ihre Geschichte ist doch untrennbar mit der meinigen verbunden. Das eine, das Ich, kommt doch aus dem anderen, dem Ihr. Umso überraschter – oder nein: eigentlich überraschte es mich gar nicht – war ich, dass Werner zwar etwas mehr von sich wusste, dass er aber kein wirkliches Bedürfnis hatte, mehr über seine eigene Geschichte zu erfahren.

Fredi und Gitti

Der Fredi, mein Spielgefährte aus Aspern war nur wenig jünger als ich. Jede freie Minute spielten wir zusammen.

Der Fredi hatte eine Cousine, die Gitti, die zwei Jahre älter war als er. War die Gitti da, so spielte der Fredi lieber mit ihr.

Ich war eifersüchtig und mochte sie nicht. Sie war so groß und altklug und überhaupt: Ich mochte sie einfach nicht. Wir waren zwei Buben von etwa vier und dieses große Mädchen – sie muss etwa sechs gewesen sein – störte unser Spiel, sodass ich mich regelmäßig zurückzog und allein spielte, wenn sie da war.

Aber einmal durfte ich mitspielen. Es war Sommer, es war heiß und wir Kinder waren nackt.

Ich staunte. Der Gitti muss wohl jemand etwas abgeschnitten haben, dachte ich und sprach es ihr gegenüber auch aus. Aber sie konnte mir – so altklug war sie denn anscheinend doch nicht – auch keine plausible Erklärung dafür geben, warum sie dort nichts hatte, wo Fredi und ich doch etwas hatten.

Mein erstes Rätsel der Frau blieb lange Zeit ungelöst und meine Eltern sprachen nicht darüber und ich getraute mich nicht danach zu fragen.

Kinderfreibad

Der Quellenpark war nördlich begrenzt durch die Gudrun- und südlich durch die Quellenstraße, die, wie der Park, von dem dort befindlichen Wasserreservoir der Wiener Hochquellenwasserleitung ihren Namen erhalten hat. Im Osten war die Absberggasse.

Der Park verdiente wohl kaum den Namen „Park". Viel eher war er das, was man in Wien einen „Beserlpark" nennt. Ein gekiester Weg, ein paar Parkbänke, eine Ecke mit Tisch, wo an den sonnigen Tagen die Pensionisten der Umgebung dem Kartenspiel frönten und eine Kinderecke mit einer Sandkiste. Bevor ich in die Schule ging, ist meine Mutter manchmal mit mir dorthin gegangen und ich konnte in der Sandkiste spielen.

Der Park lag in der Mitte der Anlage etwa in jener gedachten Linie, in der die Erlachgasse durch den Park hindurchgeht. Das Wasserreservoir war an der zur Quellenstraße hin gelegenen Seite, das Kinderfreibad gegenüber an der Seite zur Gudrunstraße hin. Die Bezeichnung Kinder-frei-bad kam, so glaubte ich damals, davon, dass sich die Bezeichnung „frei" darauf bezog, dass der Eintritt in dieses „frei", also gratis sei. Dies im Gegensatz zum Laaerbergbad, welches damals eben neu eröffnet wurde, wo ich mit meiner Mutter gelegentlich hinging und wo man Eintritt bezahlen musste. Dass auch das Laaerbergbad ein Freibad war, erkannte ich erst viel später. Dass „frei" von „im Freien" befindlich kam und im Gegensatz zum Hallenbad (das Amalienbad) stand, wurde mir erst viel später klar.

Das Kinderfreibad war also ein Bad im Freien und der Eintritt war für Kinder gratis. Als Kind galt man dort von sechs bis vierzehn, wobei selbstverständlich ein Vierzehnjähriger dort niemals hingegangen wäre. Auch ich besuchte das Bad nur während meiner Volksschulzeit. Danach natürlich nicht mehr. Das wäre unter der Würde eines Mittelschülers gewesen, mit den „Kindern“ zu planschen.

In das Kinderfreibad ging man durch ein kleines Häuschen mit den Umkleidekabinen, die streng nach Buben und Mädchen getrennt waren. Vor dem Häuschen war das Becken. Es maß wohl etwa zwanzig bis fünfundzwanzig Meter im Quadrat. Vielleicht auch etwas mehr. Von den Umkleideräumen weg ging es zunächst ein paar Stufen ins seichte Wasser. Dort spielten und planschten nur die Kleinsten. An der gegenüberliegenden Seite war das Tiefe. Das Tiefe reichte gerade mal bis zur Brust. Ich weiß nicht, wie groß ich damals war, aber es wird wohl nicht einmal ein Meter Tiefe gewesen sein.

Für Ordnung sorgten zwei Frauen, die mit cerberushaftem Gehabe am Beckenrand standen und die sich an heißen Sommertagen redlich bemühten die zahllosen Kinder im Wasser einigermaßen in Zaum zu halten. Ein schier unmöglicher Anspruch an die Damen. Die Frustration über diesen nie erfüllten und erfüllbaren Anspruch kompensierten sie durch radikale Strenge.

An einem Tag im Kinderfreibad, es war heiß und das Bad war voll mit Kindern, schwamm oder vielmehr planschte ich im tiefen Wasser, welches mir, wie gesagt, gerade mal bis zur Brust ging. Da schwamm etwas im Wasser. Was war es? Ich wollte es ergründen. Ein welkes Blatt? Ein Stück Rinde? Irgendein von einem Kind verlorenes Schwimmspielzeug? Ich griff danach. Sobald ich es berührte, wusste ich es. Ein Kind hatte den Weg aufs Klo nicht geschafft und ins Becken gekackt. Das Exkrement schwamm nun hier an der Oberfläche des Beckens zwischen unzähligen Kindern und ausgerechnet ich war derjenige, der es entdeckte und auch in seiner Neugierde danach griff. Mich ekelte entsetzlich. In meinem Ekel und Entsetzen lief ich zu einer der beiden Cerberusdamen und berichtete von meinem „Fund“. Die Dame ging strengungläubigen Blickes entlang des Beckenrandes bis dorthin, wo mein Fund zu sehen hätte sein müssen. Doch jetzt war er weg. Wie? Ich weiß es nicht. Zerteilt auf kleine Stücke von den planschenden Kindern, zu Boden gesunken oder was auch immer, er war schlichtweg weg. Der Cerberus dachte wohl ich hätte ihr einen Unsinn erzählt, und wandte sich grimmig von mir ab.

Ich ging voll Grausen und Ekel nach Hause. Ich glaube, dass ich danach nicht mehr sehr oft ins Kinderfreibad gegangen bin.

Irgendwann später, zu Zeiten, als ich dem Kinderfreibadalter längst entwachsen war, schloss man dieses, wie alle anderen Kinderfreibäder in Wien. Heute ist wieder ein Bad dort. "Familien-Bad" steht über dem Eingang. Ob das anstelle des alten Kinder-Frei-Bades jetzt ein Eltern-Kind-Frei-Bad ist, welches die Eltern der Kinder mit in die Verantwortung deren Beaufsichtigung zieht, weil die Cerberusse heute der geballten Kraft der postautoritär erzogenen Kinder nicht mehr Herr werden, entzieht sich meiner Kenntnis.

Amalienbad

Die äußere Favoritenstraße, also jene im zehnten Wiener Gemeindebezirk, verbreitert sich kurz nach der Querung der Quellenstraße zu einem dreieckigen Platz hin, an dessen oberem Ende, etwas zurückgesetzt hinter einer kurzen Gasse, wuchtig der Backsteinbau der Antonskirche das Bild dominiert. Geht man den Platz bergan Richtung Kirche, befand sich rechterhand an einer Hausecke ein winzig kleiner Eissalon. Dort gab es das damals beste Eis weit und breit. Der Eissalon war so klein, dass an heißen Sommertagen die Schlange jener, die ein Stanitzel oder einen Eisbecher wollten, bis weit hinaus auf den Gehsteig reichte. Obwohl der Eissalon zu jener Zeit winzig klein war, erinnerte ein Foto im Salon daran, dass der Besitzer, ein Mann von mächtiger Statur, der stets geschäftig zwischen der hinter dem Salon befindlichen Küche und dem Geschäft pendelte und allgegenwärtig schien, vor nicht allzu langer Zeit nicht einmal diesen besaß und noch von einem Fahrrad aus sein Eis verkaufte. Einen Sitzplatz im Eissalon zu finden war wegen seiner Kleinheit fast unmöglich. Erst später, als der Besitzer Winter für Winter vergrößerte und alle Geschäfte und Wohnungen des Hauses dazunahm, fand man dort auch Platz zum Sitzen und konnte die herrlichen Eiskreationen genießen. Der Tichy erlangte mehr und mehr Berühmtheit und so wurde aus dem winzigen Eissalon bald ein großes Geschäft und eine Wiener Institution. Ein Maler, der uns das Wohnzimmer ausmalte und der sein Geschäft neben dem Tichy hatte, konnte ihn einmal pleonastisch einen „vielfachen Multimillionär“ nennen.

Aber zu der Zeit, von der ich erzähle, war es ein winzig kleines Geschäft und erst später wurde aus dem Eissalon Tichy „der Tichy“.

Gegenüber vom Eissalon war das Amalienbad, das einzige Hallenbad welches sich in der Nähe unserer Wohnung befand. Damals gab es nur wenige Hallenbäder in Wien. Es gab das alte Dianabad, das Jörgerbad und eben das Amalienbad in Favoriten. Der Bau neuer Hallenbäder setzte erst viel später ein. Das Amalienbad ist ein imposantes, fast burgartig anmutendes Gebäude, welches von außen so gar nicht wie ein Schwimmbad aussieht. Erbaut wurde es irgendwann nach 1920 im sogenannten „roten Wien“ und ich denke, dass es als Profanbau bewusst als Kontrapunkt zur dominierenden Antonskirche gedacht und geplant war. Hie das neu entdeckte Körperbewusstsein der aufstrebenden Sozialdemokratie in Form dieses monströsen Bades und da dieser wuchtige Sakralbau von St.Anton, als Symbol der körperfeindlichen Kirche.

Meine Eltern waren keine leidenschaftlichen Schwimmer. Sie konnten schwimmen, aber das, was man in Wien als „Wasserratten“ bezeichnet, waren sie nicht. Abgesehen von den Urlauben am Attersee machten sie lieber Urlaube, wo es Wald und Berge zum Wandern und Schwammerl zum Suchen gab. Ans Meer fuhren wir zu meinem Leidwesen nie, so gerne ich es auch gesehen hätte. Während manche Schulfreunde schon nach Rimini oder wenigstens nach Jugoslawien fuhren, verbrachten wir unsere Urlaube in Orten mit so passend sprechenden Namen wie Stockwinkel, Kirchberg am Walde oder Wopfing.

So war es mit meinen Fortschritten in Sachen schwimmen lernen nicht gut bestellt. Meine Mutter wollte es mir beibringen, scheiterte aber an mir und meiner Ungeschicklichkeit darin ebenso wie an ihrer eigenen Unfähigkeit es mir zu lehren. Sie wollte aber nicht, dass ich mich in der Volksschule, wenn die ganze Klasse schwimmen geht, als Nichtschwimmer blamiere.

So ging sie mit mir ins Amalienbad und nahm einen Schwimmlehrer, der mir Schwimmunterricht geben sollte.

Der Schwimmlehrer war der Badewart oder „Badewaschl“, wie die treffendere Bezeichnung im Volksmund lautet. Ein grober vierschrötiger Mann, der sonst darauf achtete, dass im Bad alles mit rechten Dingen zuging: Nicht laufen! Nicht vom Beckenrand springen! Nicht spritzen! Nur mit Badehaube ins Wasser gehen! Und was es sonst noch alles an Vorschriften und Verboten im Schwimmbad gab.

Der Mann, der mir von Anfang an unsympathisch war, lehrte mich das Schwimmen. Eine Qual. Er ging auch mit mir, der ich sicher kein besonders williger und gelehriger Schüler war, entsprechend grob um. So schwamm ich entlang des Beckenrandes mit einem ekeligen alten Korkgurt um Brust und Bauch geschnallt. Der Badewaschl hielt eine lange hölzerne Bambusstange in der Hand, deren anderes Ende er immer wenige Zentimeter vor meinem Kopf an der Wasseroberfläche hielt. Sollte ich Angst bekommen und der grausliche Korkgurt mich nicht tragen, so könnte ich immer noch nach der Stange greifen. Kork und Stange und Badewaschl als dreifache Möglichkeit der Rettung vor dem Untergehen.

Meine Mutter beobachtete den Unterricht aus sicherer Entfernung vom Beckenrand und ich tat ihr leid, wie der Grobian mich behandelte und mir die ohnehin geringe Freude am Schwimmen nahm.

Nach zwei oder drei Unterrichtseinheiten, ich konnte mich schon leidlich über Wasser halten, wurde es ihr zuviel. Als mich dann einmal der Grobian anschrie, *„gib die Protzn auseinand“*, weil ich bei den Tempi meine Arme nicht so weit ausbreitete, wie ich es hätte tun sollen, war es ihr zu viel und ich musste nicht mehr in den Schwimmunterricht gehen.

Immerhin, ich konnte schwimmen und war in meinem Schulschwimmkurs nicht mehr in der Nichtschwimmergruppe. Aber ein guter Schwimmer und eine „Wasserratte“

wurde ich nie. Über das Brustschwimmen bin ich nie hinausgekommen und einen Köpfler lernte ich nie. Aber das, was ich kann, das Brustschwimmen und mich über-Wasser-halten verdanke ich dem Grobian von einem Badewaschl aus dem Amalienbad.

Schi fahren am Laaerberg

Im Gymnasium in der Gottschalkgasse war es üblich, dass die Schüler ab der zweiten Klasse auf Schikurs fahren. Dem Turnlehrer, Professor Partinger, der gerne mit Stolz und den Schülern zum Gruseln erzählte, dass er in den Tagen des sogenannten Heilbronner Dachsteinunglücks 1954 ebenfalls oben am Krippenstein gewesen ist und als einziger diese unheilvollen Tage im Schneesturm überlebte, war es ein besonderes Anliegen, dass alle Schüler das Leben in den Bergen erfahren und das Schifahren erlernen.

Mein Bruder Werner wechselte nach unserer Übersiedlung von Aspern in die Kempelengasse vom Gymnasium in der Vereinsgasse, wo er die erste Klasse besuchte, in die zweite Klasse in der Gottschalkgasse am Herderpark in Simmering. Der in der zweiten Klasse obligatorische Schikurs – wahrscheinlich auf der Felseralm in Obertauern, wie die meisten Schikurse der Gottschalkgasse – dürfte ihn so begeistert haben und er wird so enthusiastisch davon erzählt haben, dass auch ich unbedingt das Schifahren erlernen wollte und mir nichts mehr als Schier zu den darauffolgenden Weihnachten wünschte. Da ich zu dieser Zeit bereits von meinen Eltern darüber aufgeklärt war, nicht mehr zu glauben, dass die Weihnachtsgeschenke das Christkind brächte, gingen sie mit mir in der Adventzeit in ein Sportgeschäft in der Laxenburgerstraße, welches den für Favoriten typischen Namen Vyslocil oder so ähnlich trug, und kauften eine Schiausrüstung. Rote Schier aus Holz. Natürlich nicht aus Hickoryholz, das damals beste Holz für Schier, sondern aus Esche, aber immerhin. Sie waren feuerrot. Sicherheitsbindung gab es keine. Die schweren schwarzen Lederschuhe waren fest und fix mit den Schiern verbunden. Die heute oft panische Angst vor Knochenbrüchen oder Schlimmeren gab es nicht. So lagen die roten Schier und die Schistöcke aus Bambus gemeinsam mit den schwarzen Schischuhen unter dem Weihnachtsbaum.

Wir hatten damals noch kein Auto, um auf den Semmering oder ein anderes nahes Schigebiet zu fahren, und an einen Schiurlaub oder gar einen Schikurs für mich war nicht zu denken. So blieb es Werner vorbehalten, seine sicher nur geringen Kenntnisse über das Schifahren, die er sich in seinem ersten Schikurs mit der Gottschalkgasse angeeignet hatte, an mich als „Schilehrer" weiter zu geben. Die Winter waren damals noch schneereicher und so war es möglich den Laaer Wald, genauer gesagt, den unteren Laaer Wald als Übungshang zu benutzen. Der untere Laaer Wald ist ein flach abfallender Eichenwald zwischen dem Böhmischen Prater und der Batiggasse. Die alten Eichen stehen dort sehr licht, sodass es möglich war, bei ausreichender Schneelage auf den Wegen zwischen den Bäumen hinunter zu fahren. Der Hang ist flach und ich kann mir heute schwer vorstellen, dass es dort möglich war, ohne Zuhilfenahme der Stöcke überhaupt von der Stelle zu kommen. Aber meine mangelnden Kenntnisse der Technik des Schifahrens passten gut zum flachen Hang auf den Waldwegen. Unsicher, wie ich war, stürzte ich ständig, was aber, obwohl die fixe Schibindung sich nicht öffnen konnte, ohne weitere Folgen blieb. Ich ärgerte mich und wurde zornig und trotzig. Als ich einmal stürzte und nicht mehr aufstehen konnte (wahrscheinlicher: wollte!) und Werner bat, mir aufzuhelfen, wurde ich besonders wütend. Entweder kam er nicht gleich oder meinte, ich solle doch allein aufstehen und mich nicht so anstellen. Ich wurde immer wütender und begann ihn zu beschimpfen. Irgendwann fiel das Wort *„du bist ja oaschdeppert*". Das hörten meine Eltern. Sie waren entsetzt, so etwas aus meinem Mund zu hören. Anscheinend wussten sie nicht, was ich in der Schule – immerhin im tiefsten zehnten Bezirk in der

Laimäckergasse – so alles lernte und meinem Sprachschatz in diesem Fäkalienslang ständig neu hinzugefügte. Sie waren entsetzt und böse und dieser Schitag endete für mich abrupt. Ab nach Hause! Nichts ist mehr mit Schi fahren!

Ein aus andern Gründen abruptes Ende eines Schitages, genauer gesagt einer Schisaison, war, als ich an einem besonders schönen Tag in etwas höherem Tempo die Beherrschung über meine Schier verlor und gegen einen Baum fuhr. Die Schispitze meiner Schier brach ab und unter dem schönen roten Lack kamen die Splitter des gelblich-weißen Eschenholzes hervor. Die Schier waren kaputt. Ich war zerstört wie die Schier und ich war traurig.

Zu den nächsten Weihnachten bekam ich ein neues Paar Schi und ich konnte wieder am Laaerberg Schi fahren gehen.

Nina Chruschtschow und Jackie Kennedy

Am 3. und 4. Juni 1961 fand in Wien, mitten im Kalten Krieg und wenige Monate nach der Angelobung Kennedys zum Präsidenten der Vereinigten Staaten, ein Treffen dieses jungen Präsidenten mit dem Regierungschef der Sowjetunion, Nikita Chruschtschow, in Wien statt.

In meinem Elternhaus wurde, soweit ich mich erinnern kann wenig, und wenn, dann oberflächlich politisiert. Sie lasen das „Neue Österreich", jene von ÖVP, SPÖ und KPÖ unmittelbar nach Kriegsende gegründete Zeitung, die ihren kommunistischen Einfluss nie ablegen konnte, sich rasch überlebte und irgendwann in den späteren sechziger Jahren aus wirtschaftlichen Gründen endgültig eingestellt worden ist. Trotzdem bin ich sicher, dass meine Eltern mit dem Kommunismus nichts am Hut hatten. Mein Vater war Mitglied der SPÖ, aber mehr aus Opportunismus als aus Überzeugung und meine Mutter war nie Mitglied einer Partei, aber, so glaube ich, eher ÖVP-nahe. Ihre Herkunft vom Lande konnte sie nie gänzlich ablegen und verleugnen.

Aber was interessiert einen sechsjährigen Buben schon Politik. Er bekommt das mit, was er zu Hause aufschnappt. Jedenfalls gingen meine Mutter und ich am Freitag dem 3. Juni 1961 (ich gebe zu, ich habe das Datum gegoogelt, denn so exakt ist es mir nicht mehr in Erinnerung) zum Südbahnhof, um Chruschtschow zu sehen. Es war ein schöner warmer Frühsommertag und wir gingen zu Fuß von unserer Wohnung über die Arsenalstraße zum nahen Südbahnhof. Wir standen gegenüber vom Bahnhof an der Seite des Schweizergartens, dort, wo der D-Wagen seine Schleife machte, auf einem niedrigen Mäuerchen inmitten einer großen Menschenmenge. Chruschtschow selbst sahen die Schaulustigen nur einen kurzen Moment, als er in einer offenen Limousine an uns vorbeifuhr. Ich weiß nicht, ob er der Menge zugewunken hat oder ob ihm die Menge zugejubelt hat (die Restbestände österreichischer Altkommunisten waren doch sicher dort auch anwesend). An Chruschtschow habe ich fast keine Erinnerung. Neben ihm saß seine Frau. Diese Frau, eine selbst für damalige Verhältnisse bieder wirkende, etwas dickliche Frau, die eine Mischung aus „liebe Oma“ und „liebe Tante“ ausstrahlte. Diese Frau, meilenweit entfernt vom Glamour berühmter Persönlichkeiten, hat in diesem kurzen Moment des Vorbeifahrens in der Limousine mein kindliches Herz getroffen. Bei ihr konnte man sich vorstellen, auf ihrem Schoß zu sitzen und an ihrem weichen großen Busen still träumend zu versinken, während sie liebe Geschichten erzählt. Aber, wie gesagt, das war nur ein kurzer Augenblick und der Wagen entschwand rasch Richtung Prinz Eugen Straße.

Unsere Wohnung in der Kempelengasse war nicht nur in der Nähe des Südbahnhofes, sie lag am Fuße des Laaerberges auch direkt in der Einflugschneise des Flughafens Schwechat. Der Anblick der manchmal tief fliegenden Flugzeuge machte auf mich als Buben einen großen Eindruck, vermittelte er mir doch auch ein wenig einen Hauch der großen weiten Welt. Jetzt ist natürlich der Flugverkehr des Jahres 1961 nicht mit jenem von heute zu vergleichen, aber umso mehr war es etwas Besonderes, die großen schweren Maschinen im Landeanflug zu sehen, zumal ich davor nur die kleinen Sportmaschinen vom Asperner Flughafen her kannte.

Am Tag nach der Ankunft Chruschtschows sollte also der amerikanische Präsident Kennedy nach Wien kommen. Es war Samstag am Vormittag und wir standen am Fenster unseres Wohnzimmers und schauten gegen den Himmel. Es war ein ungewöhnlich großes Flugzeug, welches hier über unser Haus hinweg Richtung Schwechat flog. Meine Mutter sagte nur: „Da sitzt die Jackie drin.“

Das blieb mir von diesem Wiener Treffen der beiden damals mächtigsten Männer der Erde. Die omahafte Nina Chruschtschow, die so altbacken, aber lieb und nett auf mich wirkte, und das ehrfurchtsvolle „da sitzt die Jackie drin" meiner Mutter.

Was sind für ein Kind schon Korea, Laos und Vietnam, Kubakrise und die Berliner Mauer, Kalter Krieg und Atombomben gegen zwei Frauen, die auf so unterschiedliche Weise ihre stille Wirkung auf es ausüben.

Schusterkäfer

In der Volksschule, es wird wahrscheinlich in der vierten Klasse gewesen sein, musste ich einmal als Hausübung einen Aufsatz über eine Tierbeobachtung schreiben. Ich war bei frei oder weitgehend frei zu wählenden Themen einfallslos und bedurfte der Unterstützung meiner Mutter: Worüber soll ich schreiben? Ich wusste, dass es unter meinen Mitschülern welche gab, deren Mütter ihren Kindern solche Aufsätze vorschrieben. Derartiges konnte ich von meiner Mutter nicht erwarten. Damals begegnete ich dem mit Unverständnis und daraus folgend mit kindlicher Wut. Heute weiß ich, wie klug es von ihr war. Sie half mir nur insoweit, als sie versuchte mir Anregungen zu geben. Wo hätte ich eine Tierbeobachtung gemacht, die mir besonders aufgefallen oder in Erinnerung geblieben und erzählenswert gewesen sei? Mit derartigen Fragen versuchte sie mich zum Thema hinzuführen, ohne selbst irgendetwas vorzugeben. Ich musste nachdenken, was ich nicht wollte, war aber so gezwungen selbstständig das Aufsatzthema zu finden und zu präzisieren.

Ich dachte nach. Doch zwanghaftes Denken bringt mir keine Gedanken. Höchstens Wut und Zorn und dann Resignation. So wie es nicht möglich ist bewusst an „Nichts" zu denken, ist es mir unmöglich, durch Gedanken zu Gedanken zu gelangen. Wahre Gedanken entstehen mir nur im Nicht-Denken. Die Fülle kommt aus der Leere. Das Kreative kommt aus dem Nichts.

Jetzt ist es natürlich maßlos übertrieben das Denken an eine erlebte Tierbeobachtung als etwas Besonderes zu bezeichnen. Das einzig Große war meine kindliche Verzweiflung keine passende Idee für meinen Aufsatz zu haben. Mag das alles klein und banal klingen, für mich war es damals alles andere als das.

Meine Mutter gab mir also Hilfestellungen und Anregungen, ohne mir Konkretes vorzugeben. „Wo gibt es denn Tiere?“ „In Aspern bei Omama und Opapa.“ Sie dachte wohl an die Katze und die Hühner, die meine Großeltern hatten.

Doch mir fiel etwas ganz anderes an. Nicht Hühner und nicht Katze – was sollte ich über die schon viel schreiben? – nein, etwas gänzlich anderes hatte ich im Garten der Großeltern beobachtet, das mein Interesse geweckt hatte.

In den Rillen der Betonplatten des Weges, der den Garten der Länge nach durchschnitt, tummelten sich an warmen Sommertagen unzählige Käfer mit einer wunderschön in rot und schwarz leuchtenden Färbung am Rücken. Es war aber nicht die Menge der Käfer und auch nicht ihre schöne Färbung, die mich faszinierte und über die ich meine Hausübung schreiben wollte. Vielmehr zeigten diese Tiere eine andere Besonderheit, die ich noch nie bei anderen Tieren beobachtet hatte. Die Käfer waren nicht nur einzeln in ständiger Bewegung. Das Besondere war, dass viele der Käfer mit ihren jeweiligen Hinterteilen verbunden waren und so paarweise zwischen den Betonplatten hektisch hin- und her krabbelten. Warum und wieso sie dies taten, war mir gänzlich unverständlich. Es schien mir eine Besonderheit dieser Spezies von Käfern. Etwas, das nur diese Käfer taten. Das wäre doch eine außergewöhnliche Tierbeobachtung, über die es sich lohnte, einen Aufsatz zu schreiben.

Stolz und froh endlich eine Geschichte gefunden zu haben, erzählte ich meiner Mutter, dass ich über diese Beobachtung schreiben wolle. Etwas, das ich gesehen und beobachtet hatte. Seltsam. Eigenartig. Sichtlich nur diese Spezies von Käfern betreffend.

Umso größer war meine Enttäuschung, als meine Mutter – leicht verlegen – meinte, dass es keine gute Idee sei, genau darüber zu schreiben. Da hatte ich – endlich einmal

– die Idee über eine ganz besondere Beobachtung zu schreiben und sie lehnte es kurzweg ab. Ob, und wenn ja, wie sie die Ablehnung argumentierte, weiß ich heute nicht mehr. Ich glaube, sie argumentierte, dass diese kleinen Käfer wegen ihrer Kleinheit nicht im Sinne der gemeinten Tierbeobachtung gelten können.

Von ihrer Angst vor allem, das nur entfernt sexuell gedeutet werden konnte und womöglich weitere Fragen meinerseits provozieren hätte können, wusste ich damals natürlich noch nichts. Wahrscheinlich wäre es ihr auch meinem Lehrer gegenüber peinlich gewesen, hätte sie mich diese Geschichte schreiben lassen.

Ich musste eine andere Geschichte schreiben. Irgendetwas Banales ist es dann geworden.

Die Ironie der Geschichte ist es, dass meine Mutter die besagten Käfer (die in Wirklichkeit keine Käfer sind, sondern Wanzen, genauer gesagt: Feuerwanzen) auch mir gegenüber als „Schusterkäfer" bezeichnete, ein Name, der eben genau davon herrührt, dass diese Wanzen intensiv und fast permanent kopulieren – also im Volksmund: „schustern".

Der Brand in der Lackfabrik

Die Volksschule in der Laimäckergasse war eine Bubenschule. Die dazugehörige Mädchenschule in der Schrankenberggasse war rückwärtig, nur verbunden durch einen Hof, den wir Kinder nie betreten durften und den Turnsaal mit unserer Schule verbunden. Auf die Geschlechtertrennung der beiden Schulen wurde größter Wert gelegt. Die Mädchen der Schrankenberggasse waren für uns Buben tabu. Abgesehen davon hätten sie uns ohnehin nicht interessiert.

In der dritten Klasse der Volksschule hatten wir einen Lehrer, den ich heute ruhigen Gewissens als Wahnsinnigen bezeichnen kann. Er war nicht nur streng, er war schlichtweg verrückt. Egal, was ein Schüler tat oder in seinen Augen angestellt haben mochte, er musste zur Strafe genau darüber einen Aufsatz schreiben. Das brachte die absurdesten Aufsatzthemen hervor. Aufsätze über vergessene Pullover und über eine Fliege an der Wand, die ein Schüler beobachtet hatte, anstatt dem Unterricht zu folgen, waren an der Tagesordnung. Der Mann war unmenschlich streng. Nikolaus G. war sein Name. Wir Kinder, denen er nie seinen Vornamen verraten hatte – er war für uns nur der Herr Lehrer G. – amüsierten uns beim Lesen unseres Zeugnisses königlich, wo er mit vollem Namen unterschrieben hatte, über diesen damals seltenen, uns kurios anmutenden Vornamen.

Der Mann war anscheinend sogar dem damals noch autoritäreren Schulwesen zu verrückt. Jedenfalls verschwand er sang- und klanglos am Ende des Schuljahres und zu Beginn der vierten Klasse bekamen wir einen neuen Lehrer. Der war das genaue Gegenteil des Nikolaus G. Ein liebenswürdiger, sanfter, aber völlig hilfloser Lehrer. Für uns Kinder war der Mann nicht nur Entspannung nach einem Jahr der Unterdrückung, sondern auch Anlass seine Gutmütigkeit schamlos auszunützen.

Während ich von Nikolaus G. kaum mehr in Erinnerung habe als seine wahnsinnigen Aufsatzthemen, kann ich mich an den neuen Lehrer, er hieß Ernst Slavik, noch recht genau erinnern. Er war groß, schlank, hatte ein schmales weiches Gesicht und mochte damals etwa Anfang dreißig gewesen sein.

Gegenüber unserer Schule befand sich eine Lackfabrik. Lutz-Lacke. Das Werksgelände umfasste fast den gesamten Häuserblock zwischen der Laimäckergasse und der Hausergasse einerseits und des Puchsbaumplatzes und der Feuchterslebengasse andererseits. Es waren niedrige Backsteinbauten, die den Innenhof der Lackfabrik umschlossen. Aus einer der Hallen ragte ein ebenfalls aus Backsteinen errichteter niedriger Schlot. Die Lackfabrik gehörte so selbstverständlich zu unserer Schulumgebung wie die Mädchenschule (gut, die Lackfabrik war interessanter!), das Preyer'sche Kinderspital oder der Puchsbaumpark. Letzterer war natürlich am interessantesten.

Eines Tages brach in der Lackfabrik ein Brand aus. Feuer schoss aus einer der Hallen und eine dicke, pechschwarze Rauchsäule stieg auf. Arbeiter liefen aus der Halle und bald rückte auch schon die Feuerwehr an. Die ganze Klasse mitsamt unserem Lehrer Ernst Slavik hing an den Fenstern und wir beobachteten das Treiben in der Lackfabrik. An Unterricht war nicht zu denken. Es war ein einziges großes „Hallo" in der Klasse. So etwas hatten wir Kinder noch nicht gesehen.

Irgendwann – es war gerade besonders spannend – kam unser Herr Direktor in die Klasse. Der Herr Direktor war ein alter soignierter Herr, kurz vor der Pensionierung, der stets einen Trachtenanzug trug. Er verband auf wundervolle Art und Weise Güte und Strenge. Eine Respektsperson, aber eine mit weichem, großem Herz. Er betrat in dieser

Situation das Klassenzimmer, als die gesamte Klasse und der Herr Lehrer gebannt die Löschmaßnahmen der Feuerwehr gegenüber der Schule beobachteten. Niemand nahm den Direktor in dem Tohuwabohu wahr. Da sah ich den gütigen Herrn Direktor das erste und einzige Mal böse. Wir hatten in unserem Lärm, mit dem wir dem Feuer und der Feuerwehr zusahen, den Feueralarm der Schule überhört. Wir müssen wirklich sehr laut gewesen sein, denn normalerweise war der Feueralarm, wie wir von den Probealarmen wussten, wirklich nicht zu überhören.

Feueralarm war gegeben worden, weil Gefahr bestand, dass das Feuer auf die Schule übergreifen oder dass der Rauch eine Gefährdung darstellen könnte.

So konnten wir das Feuer nicht weiter beobachten und mussten in den Hof zwischen unserer Schule und der Mädchenschule (das einzige Mal, dass wir dorthin durften) evakuiert werden. Dort warteten schon alle Klassen. Nur unsere Klasse mit unserem liebenswürdig sanften Lehrer Ernst Slavik hatte den Feueralarm überhört. Alle anderen waren leiser. Unser Lehrer bekam dafür eine Rüge vom Herrn Direktor und die Sache wird wohl auch ein Nachspiel für ihn gehabt haben. Aber davon haben wir Kinder natürlich nie erfahren.

Am nächsten Tag lasen wir in der Zeitung, dass ein Arbeiter bei dem Feuer in der Lackfabrik verbrannt ist.

Der Bunker

Fünfzehn Jahre nach dem Ende des Zweiten Weltkrieges waren die mit den Augen sichtbaren Spuren des Schreckens großteils aus der Stadt verschwunden. Wenige Baulücken, die von den durch Bombentreffer zerstörten Häusern herrührten, gaben Zeugnis des noch nicht lange zurückliegenden Krieges. Die ärgsten Schäden und der Schutt waren beseitigt, beschädigte Häuser renoviert, zerstörte durch neue ersetzt. Das Haus, in dem wir wohnten, war ein solches.

Was blieb, waren viele Geschichten und Erzählungen. Wenn ich an die prahlerischen Berichte meiner Klassenkameraden in der Volksschule denke, kommt mir noch heute das Grauen. Rückblickend scheint es beinahe so, als seien sämtliche der wenigen Rückkehrer aus Stalingrad Verwandte oder Väter meiner Schulkameraden gewesen. Alle waren richtige Helden und Landser. Von den Verbrechen und Morden war nie die Rede – immer nur vom angeblichen Heldentum. Ich konnte da nicht mithalten. Das wenige, was ich aus der Kriegszeit meines Vaters wusste, war, dass er es nur zum Gefreiten gebracht hatte und aufgrund eines Herzfehlers nicht fronttauglich und wegen seines begonnenen Elektrotechnikstudiums als Funker in Jugoslawien eingesetzt war. Was er dort tat, oder was er von den Verbrechen wusste, wovon ich aufgrund seiner Funktion als Funker ausgehen muss, davon hat er nie erzählt. Glühender Hurra-Schreier war er sicher keiner, eher einer, der wusste, wann es besser war wegzuschauen oder sich taub zu stellen.

So wie weniges von diesem Krieg nach außen sichtbar blieb, so blieben von der Geschichte des Krieges zunächst nur die Geschichten. Es sollten noch einmal mehr als zwanzig Jahre vergehen, bis hinter den Geschichten die Geschichte hervorzutreten begann. Es blieb der nächsten

Generation vorbehalten zu erkennen, dass *die Helden* keine Helden waren und dass Verbrechen als Verbrechen zu benennen sind.

Eines der sichtbaren Erinnerungsstücke war ein Bunker am Laaer Berg. Östlich des Böhmischen Praters, auf der sich gegen Simmering, die Ostbahn und das Unileverwerk neigenden Seite des Laaer Berges, von wo man noch heute einen wunderschönen Ausblick bis tief hinein in die Ebenen östlich von Wien genießen kann, stand ein Betonbunker. Wenige Meter dahinter fällt der Berg in einer kurzen Steilstufe ab, welche, wie wir in der Heimatkunde in der Volksschule lernten, die sechste und höchste Donauterrasse bildet. An dieser Stelle, wo der Berg von seinem flachen Abfall unvermutet in einen kurzen steilen Abbruch übergeht, konnten wir Kinder im Winter wunderbar rodeln oder, wer besonders mutig war, auch mit Schiern hinunterfahren. Weil dieses Steilstück, wiewohl nur wenige Meter lang, so spektakulär war und eine Geschichte, die zwar niemand erlebt hatte, aber jeder kannte, davon erzählte, dass sich auf diesem Steilstück einmal ein tödlicher Schiunfall ereignet hätte, hieß dieses Steilstück die *Todesbahn*.

Etwas westlich dieser Todesbahn lag der Bunker. Klein und geduckt in den Hang des Berges hinein gebaut mag er wohl ein Geschützstand gewesen sein. Von seinem Ausgang konnten die Soldaten, welche dort ihren verrückten, verzweifelten und hoffnungslosen Krieg zu führen hatten, von der Simmeringer Heide bis zur Donau und vom Zentralfriedhof bis tief hinter Schwechat alles einsehen.

Als Kind übte dieser Bunker auf zweierlei Art Faszination auf mich aus. Im Kontext mit den Abenteuergeschichten der Soldaten des Krieges regte er die Fantasie zu wilden Schlachten und Kämpfen, von Helden und Heldentod unter Weglassung und Beiseiteschiebung des Grauens an. Wirkliches kindliches Grauen rief allerdings der zweite Aspekt des Bunkers hervor. Der war auch der Grund, warum ich mich zwar in den Bunker hineinzuschauen, nicht aber hineinzugehen getraute. Unten, ganz hinten, vom Eingang aber gut sichtbar, hatte sich ein Obdachloser seine Heimstatt eingerichtet. Eine alte Matratze und ein paar Fetzen wiesen darauf hin, dass hier jemand lebte. Gesehen habe ich diesen Mann nie. Wahrscheinlich verbrachte er nur die Nächte hier und war tagsüber irgendwo in der Stadt unterwegs um zu betteln, ein paar Aushilfsdienste zu leisten oder einfach nur um sich in einem Gasthaus oder bei einem Branntweiner aufzuwärmen. Obwohl ich diesen Mann nie zu Gesicht bekam, hatte der Ort allein durch die Möglichkeit seiner Anwesenheit oder seines unversehenen Auftauchens etwas Unheimliches, was mich nie in die Tiefen des Bunkers eintreten ließ, sosehr es mich auch gereizt hätte.

Viele Jahre später wurde der Bunker im Zuge des Umbaues des Laaer Berges von einer natürlichen Wald- und Heidelandschaft in einen Park gesprengt und die Betontrümmer entfernt. Wie die Geschichten von der Geschichte gesprengt und zerstört wurden, so wurde auch dieser Bunker, das letzte Zeugnis des Krieges, dort oben an der Grenze zwischen Simmering und Favoriten zerstört und nichts kann mehr kindliche Kriegsfantasien anregen. Vielleicht – und ich weiß nicht einmal, ob ich sagen sollte „zu wünschen wäre es“ – gibt es in den Köpfen und Erzählungen der Kinder noch die Todesbahn.

Das Siemens-Heim am Attersee

Mein Vater arbeitete bei Siemens. Genauer bei Siemens&Halske, auch WSW, Wiener Schwachstromwerke genannt. Die Firma, er nannte sie immer „Die Firma“, war im dritten Bezirk, in der Hainburgerstraße, Ecke Apostelgasse. Rechts die Schwachstromwerke und links der Apostelgasse die Starkstromwerke. Über die Gasse führte eine Brücke. Die Brücke gibt es heute noch, obwohl Siemens dort längst schon ausgezogen ist. Mess- und Regeltechnik war sein Spezialgebiet. Ich habe nur soviel davon verstanden, dass er irgendwelche Steuerungsanlagen für Kraft- und Stahlwerke baute. Und er war viel auf Reisen. In Karlsruhe war er oft. Dort war, glaube ich, ein Schulungszentrum von Siemens. Aber er war auch auf Dienstreisen, oft wochen- und monatelang. Ich erinnere mich an lange Reisen nach Taranto in Italien und Galati in Rumänien. Von Genua wurde mir oft erzählt, wo er über ein halbes Jahr lang war; aber das war vor der Zeit meiner bewussten Erinnerung. Ich erinnere mich nur, dass immer erzählt wurde, dass er in Genua soviel Geld verdiente, dass sich meine Eltern die Eigentumswohnung in der Kempelengasse kaufen konnten. Der Preis, den meine Mutter für ein halbes Jahr Alleinsein mit ihrer gehassten Schwiegermutter bekam, war also diese Wohnung. So gesehen lohnte sich die schwere Zeit für sie.

Siemens sorgte gut für seine Mitarbeiter. Jedes Jahr gab es für uns Kinder im Raimundtheater ein Programm mit irgendwelchen Aufführungen, an die ich mich nicht erinnere. Nur an die große Box mit Süßem, die alle Kinder dort bekamen. Und es gab zwei Siemensheime, in denen die Familien von Mitarbeitern Urlaub machen konnten. Eines war in Wopfing im Piestingtal, ein altes Schloss in einem wunderschönen großen Park. Dort waren wir nur einmal.

Und eines war in Stockwinkel am Attersee. Dort machten wir dreimal Urlaub. 1961, 1963 und 1964. Im Gegensatz zu Wopfing, welches eher einem Hotelbetrieb mit Vollpension ähnelte, war Stockwinkel eine spartanisch eingerichtete Selbstversorgerhütte. Die Hütte lag etwas abseits der Straße, die am Nordufer des Sees entlang führte, an einem Bach, der unaufhaltsam eiskaltes Wasser in den ohnehin schon kalten See ergoss.

Das Heim war ein dunkles Holzhaus auf einer großen Wiese, die seeseitig bis zur Uferstraße reichte. Hinter dem Haus begann der Wald. Ebenerdig vor dem Haus war eine große Terrasse mit Blick auf den See und im Haus die Küche und der Gemeinschaftsraum, die allen Gästen zur Verfügung standen. Im Stock waren die Zimmer. Karg eingerichtet mit Stockbetten.

Allein die Anreise nach Stockwinkel war beschwerlich. Wir hatten damals noch kein Auto – das bekamen wir erst 1966, als mein Vater von seinem Aufenthalt in Taranto zurückkam (Genua finanzierte also die Wohnung meiner Eltern und Taranto das Auto. So sorgte Siemens und seine Arbeit für uns). Die Anreise nach Stockwinkel erfolgte mit der Bahn vom Westbahnhof weg. Wir hatten das Glück, dass die Straßenbahnlinie 6 direkt von unserem Haus an der Gudrunstraße bis zum Westbahnhof führte, was unangenehmes Umsteigen ersparte. Vom Westbahnhof ging es mit dem Zug – meine Eltern sorgten stets für Platzkarten – bis Attnang-Puchheim. Die Bahnfahrten dorthin gefielen mir immer. Die in den Abteilen aufliegenden Zugbegleiter der ÖBB, in der alle Haltestellen des Zuges bis zu seinem fernen Ziel angeführt waren, nahm ich immer gern mit nach Hause und sammelte sie. Beim Spielen mit der Kleinbahn regten sie mich an, meine Züge in all diesen Haltestellen halten zu lassen. Ich hatte eine ganze Sammlung von diesen Zugbegleitern. Die zahlreichen Reisen meines Vaters nach Karlsruhe und anderswohin versorgten mich regelmäßig mit diesen. So kannte ich bald alle großen Bahnhöfe an der Westbahn bis Oostende, Paris oder Hamburg.

Attnang-Puchheim war ein großer Bahnknotenpunkt mit zahlreichen Geleisen und Weichen. Die letzte Station vor Attnang-Puchheim war in Vöcklabruck, oder, wenn es ein Schnellzug war, in Wels. Von Attnang-Puchheim ging es mit dem Bus bis zum Attersee. An diese Fahrt mit dem Postbus erinnere ich mich nicht mehr, aber es war sicher eine lange Fahrt mit zahlreichen Haltestellen. Von der Bushaltestelle in Stockwinkel bis zum Siemensheim war es dann nicht mehr weit, vielleicht hundert oder zweihundert Meter über eine geschotterte Zufahrtsstraße. Wie meine Eltern, mein Bruder und zum Teil sicher auch ich das Gepäck schleppten und wie viel Gepäck wir für die zwei Wochen am Attersee überhaupt mithatten, daran erinnere ich mich nicht mehr. Es wird nicht viel gewesen sein, aber doch genug um den wechselnden Wetterverhältnissen des Salzkammergutes gewachsen zu sein. Den Schnürlregen ebenso wie den heißen Sommertagen. Beides gab es dort. Ersteres häufiger.

Der Blick vom Haus auf den See und das an der gegenüberliegenden Seite des Sees sich erhebende Massiv des Höllengebirges, welches zu Recht diesen diabolischen Namen führt, sind mächtige Erinnerungen. Auf dem See gab es Ausflugsschiffe, mit denen man jeden Ort am See erreichen konnte. Zumindest eine Schifffahrt gehörte zu jedem Urlaub am Attersee dazu. Meistens war es eine Fahrt nach Unterach, jenem fast schon ein wenig mondänen Salzkammergutort am westlichen Ufer des Sees, dort, wo sich die Ache vom Mondsee her kommend breit in den Attersee ergießt. Auch in Stockwinkel, diesem kleinen, unbedeutenden Ort gab es eine Schiffsanlegestelle. Bei unserem ersten Aufenthalt war sie noch ein alter hölzerner Steg. Der war bereits so alt und morsch, dass er bei unserem zweiten Aufenthalt nicht mehr benutzbar und deshalb gesperrt war. Wir mussten zu Fuß in den Nachbarort gehen, um dort in das Schiff einzusteigen. Bei unserem letzten Aufenthalt hatte Stockwinkel bereits eine neue Anlegestelle aus Beton. Unverrottbar.

Es gab mehrere Schiffe am Attersee. Am meisten liebte ich das Älteste. Es war ein Raddampfer, der mit seinen mächtigen Schaufelrädern lautstark durch den See stampfte. Die anderen Schiffe waren kleiner, moderner, doch mir gefiel der alte Dampfer am besten.

Drei Dinge waren es, die die Urlaube am Attersee prägten: wandern in den Wäldern und auf den Bergen der Umgebung, kleinere Ausflüge mit Besichtigungen und das Baden im See. Das war das Schönste, sofern das Wetter mitspielte.

Zum Siemensheim gehörten auch ein schmaler Strandabschnitt am See mit einer kleinen Liegewiese und ein Bootssteg. Der Strand war zu Fuß vom Haus bequem und leicht erreichbar. Das Ufer war dort leicht abfallend mit einem schönen schottrigen Strand. Das Atterseewasser war glasklar und kalt. Es sollte mich nicht stören.

Am Nachbarstrand hatte sich ein Deutscher, genauer gesagt ein Schwabe, wie meine Mutter nicht zu betonen vergaß, niedergelassen. Damals lehrte mich meine Mutter spöttisch die heimliche Schwabenhymne *„Schaffe, schaffe Häusle baue und nicht auf die Mädle schaue"*. Er war tatsächlich kein Sympathie erweckender Kerl. So ein Typ Neureich, der seine persönlichen Wirtschaftswunder für alle sichtbar vor sich hertrug: dickes Auto, dicker Bauch und dicke Frau. Wohlstand allenthalben und dazu ein kleines Motorboot. Mit dem fuhr er regelmäßig zum Fischen hinaus auf den See. Dabei blieb er aber stets in Ufernähe, wohl deshalb um gesehen zu werden, falls ein kapitaler Fisch anbiss. Sein Angelzubehör war modern und neu, so wie alles bei ihm. Seine dicke Frau schien gelangweilt, blickte aber bewundernd zu ihrem Wirtschaftswundermann auf. Tag für Tag fuhr er mit seinem Boot hinaus und warf die Angel aus. Allein, es biss nie ein Fisch an. Nun hatte er – aber das merkten wir erst bei folgender Begebenheit – eine moderne neue Angel, die ein Glockengeräusch von sich geben sollte, sobald ein Fisch anbiss. Die Klingel klingelte tagelang nicht. Endlich, nach Tagen der Erfolglosigkeit im Fischfang ertönte ein Klingelton. Der ganze Siemensstrand jubelte und freute sich mit dem fülligen Schwaben. Doch leider. Nur ein vorbeifahrendes Ruderboot hatte den Angelhaken erfasst und die Glocke ausgelöst. Die Schadenfreude über den großkotzigen Schwaben erheiterte uns alle. Irgendwann war der dicke Schwabe mit seiner dicken Frau, seinem dicken Auto und seinem kleinen Motorboot wieder weg. Die Fische des Attersees konnten sich weiter ihres Lebens freuen.

Ein andermal sind die größeren Burschen, mein Bruder zählte auch dazu, etwas weiter auf den See hinaus geschwommen. Weit draußen schon gaben sie uns durch Winken und Rufen zu verstehen, dass sie etwas entdeckt haben. Langsam kamen sie zurück. Sie hatten einen fast toten Hecht gefangen. Der Hecht war verletzt und trieb im Wasser und sie brachten das Tier ans Ufer. Es war ein großer prächtiger Hecht. Das Tier dürfte sich vermutlich im Kampf mit einem anderen Hecht so schwer verletzt haben, dass es leblos an der Wasseroberfläche trieb. Der Hecht war die Sensation des Tages. Von einigen beherzten Männern wurde der Hecht ausgenommen und am Abend in der Gemeinschaftsküche gebraten. Jeder bekam ein kleines Stück vom gemeinsamen Fischfang. Ein kleines weißes Stück Hecht. Ich aß mein Stück mit erregter Andacht ob dieses tollen Fanges.

Die Tage am Strand waren aber rar. Oft regnete es. Dann schwoll der neben dem Haus fließende Bach reißend an. Einmal war die Flut so stark, dass sich der Bach, der in der Nähe des Hauses eine leichte Krümmung machte, in die Uferböschung zu fressen drohte. Das wäre weiter nicht schlimm gewesen, hätte nicht die Gefahr bestanden, dass die neben dem Bach vorbeiführende Zufahrtsstraße zum Haus unterspült würde. Die Männer, allesamt „g'standene" Männer und – noch bedeutender! – allesamt Siemenstechniker mit Know-how für Alles und Jedes, nahmen sich des Problems sofort mit ganzem Eifer an. Gemeinsam stiegen sie ins Bachbett und rollten große Steine so in die Strömung, dass die Fließrichtung des Wassers verändert und so das Unterspülen verhindert wurde. Ich hätte gerne mitgeholfen, durfte aber nicht. „Zu gefährlich", hat es geheißen.

Erst als das Hochwasser wieder zurückgegangen war, stieg mein Vater mit mir in den Bach, baute mit mir kleine Flussumleitungen und setzte ein selbst gebasteltes Wasserrad in Bewegung. Es war schön, wie mein Vater mir im Kleinen zeigte, was die erwachsenen Männer im Großen gemacht haben. Er zeigte es mir im Kleinen, leise und bescheiden wie er war. Er hatte auch bei der Flut den Männern geholfen, aber er zählte nicht zu den lautstark Organisierenden bei der Bachumlenkung. Er packte zu, wo es nötig war, kehrte aber nie den großen Macher hervor.

Auf den kleineren und größeren Wanderungen erklärte und zeigte er mir manches. Zum Beispiel, wie man wunderschöne Verzierungen in einen Haselstock schnitzt. Diese verzierten Wanderstöcke trug ich stets voll Stolz und trennte mich am Ende des Urlaubes nur schwer von ihnen. Mein sehnlichster Wunsch war ein Schweizermesser, mit dem man solche Verzierungen in die Rinde des noch grünen Haselholzes schnitzen konnte. Erst einige Jahre später bekam ich mein erstes Schweizermesser.

Weniger gern hatte ich das Pilze suchen: Steinpilze, Eierschwammerl und Parasole. Letztere waren rar und galten als besondere Spezialität. Eierschwammerl gab es oft zum Abendessen. Gebraten mit Zwiebel, Ei und Petersilie schmeckten sie vorzüglich. Parasole, so man welche fand, wurden paniert. Meine Mutter behauptete, Parasole schmecken wie Kalbfleisch. Ich glaube aber, sie hatte das selbst wo gehört und redete es einfach nach. Die Steinpilze wurden nicht sofort gegessen. Die wurden von meinen Eltern sorgfältig geputzt und fein geschnitten auf einen Spagat aufgefädelt und im Zimmer zum Trocknen aufgehängt. Den markanten würzigen Pilzduft verbinde ich noch heute mit den Zimmern am Attersee. Im Winter, zu Hause, verbesserten die getrockneten Pilze den Geschmack der Erdäpfelsuppe, die es besonders Freitag Mittag häufig gab. Freitag war ja Fasttag und Fisch war teuer. Die Pilzsuppe, Schwammerlsuppe, wie wir sie nannten, war hingegen billig, schmeckte gut und zauberte einen kleinen Hauch von Urlaub in die Küche.

Einmal fuhren wir sogar nach Salzburg. Ein lokaler Busunternehmer bot Fahrten nach Salzburg an. Ich erinnere mich nur mehr wenig daran. Einzig in Erinnerung geblieben ist mir, und das wahrscheinlich auch allein deshalb, weil meine Mutter sich noch Jahre später darüber amüsierte, dass der Fahrer, der auch Reiseführer sein wollte, in Salzburg anstatt „Residenzplatz" immer „Resistenzplatz" sagte.

Im Jahr 1964 machten wir das letzte Mal Urlaub in Stockwinkel. Es war der letzte Urlaub, in dem auch mein Bruder dabei war. Später fuhr er allein und nicht mehr gemeinsam mit meinen Eltern und mir. Die Urlaube wurden für mich dann Jahr für Jahr langweiliger. Langweiliger, weil er nicht da war und langweiliger, da ich, je älter ich wurde, immer schwerer Kontakt zu anderen Kindern fand und Elternurlaub mit steigendem Alter ohnehin an Langeweile gewinnt.

Pater Richard

Wenn ich heute die Religiosität meiner Eltern beschreiben soll, so fällt mir eine objektive Sichtweise schwer. Ich war ein Kind und betrachtete meine Eltern mit den Augen eines Kindes: unreflektiert und unkritisch. Die kindliche Betrachtung muss ich also meiden. Die Versuchung, sie aus meinem heutigen Blickwinkel zu beurteilen ist mindestens so gefährlich wie die, als sei ich noch ein Kind. Heute sehe ich meine Eltern mit der Erfahrung meiner Jahre und, da sie bereits Jahrzehnte tot sind, auch mit großem zeitlichen Abstand. Aber auch meine Einstellung zur Religion, nein falsch, ich muss es präziser schreiben, zur christkatholischen Religion, ist heute eine sehr kritisch-distanzierte. Eines aber erlaube ich mir in Hinblick darauf, dass meine Eltern lange genug tot sind: Ich brauche sie nicht mehr mit dem verklärten Blick ansehen, wie man landläufig erst kürzlich Verstorbene betrachtet; so etwa in der Art, wie gerne gesagt wird, dass man über Tote nichts Schlechtes sagen solle. Ich nehme mir die Freiheit der kritischen Betrachtung, ohne ihnen auch nur ein Jota der Ehre zu nehmen, die ihnen als meine Eltern zukommt.

Meine Mutter stammte vom Land und kam erst 1945 zu Kriegsende nach Wien. Ginge man von der weitverbreiteten Ansicht aus, dass Menschen vom Land quasi automatisch religiös seien, könnte man meinen, sie hätte besonders fromm sein müssen. Umgekehrt war mein Vater ein Stadtmensch in bereits zweiter oder dritter Generation und könnte damit – wieder quasi automatisch – als atheistischer Städter gelten.

Doch die persönliche Geschichte der beiden kehrte die Geschichte um.

Meine Mutter war zwar vom Land, doch waren ihre Eltern keine Bauern, sondern Handwerker. Genauer gesagt war ihr Vater Wagner und begleitete seinen kleinen Wagnereibetrieb auf dem Weg hinein in den allgemeinen Untergang dieses Handwerks. Den aufkommenden Nationalsozialismus begrüßte er mit Begeisterung, obwohl, wie meine Mutter später oft betonte, er nie Mitglied der NSDAP war. Trotzdem – und meine Mutter stand dem verständnislos gegenüber – wurde er nach dem Krieg von anderen Dorfbewohnern als Nazifreund beschimpft. Die Verständnislosigkeit meiner Mutter in dieser Frage kann ich nicht anders deuten, als dass sie selbst dieser Ideologie, nachsichtig formuliert, positiv gegenüberstand. Was sie aber nie zugegeben hat. Sie erzählte nur von der Schande, die es ihrer Familie bereitete, als ihr Bruder, der bereits vor 1938 illegales Mitglied der NSDAP war, wegen irgendeiner Naziaktion auf einem Kirtag verhaftet wurde und einige Tage im Gefängnis verbringen musste. Mag die Verhaftung, die sich wohl um das Jahr 1937 abgespielt haben muss, tatsächlich eine Schande für die Familie gewesen sein, allein die Art, wie sie es erzählte, lässt mich vermuten, dass sich in diese vordergründige Schande auch ein wenig Stolz auf ihren Bruder, den sie über alles liebte und verehrte, mischte. Ob sie wirklich ein Nazi war oder nur Mitläufer so wie viele, wage ich nicht zu beurteilen. Gänzlich fremd war ihr die Ideologie in jedem Fall nicht, auch wenn sie sich später gerne davon distanzierte. Heute meine ich, verdrängte. So, wie es diese Generation nach 1945 zum Lebensmotto machte. Die Verneinung alles Göttlichen, wie es der Inhalt der menschenverachtenden Ideologie des Naziregimes war, war ihr sicher nicht fremd. Sie lebte die Tradition, ging ab und zu und zu den Feiertagen in die Kirche, aber besonders nah stand ihr die Kirche nie. Vielleicht in ihren letzten Jahren und angesichts des bevorstehenden und ihr immer bewusster werdenden Todes wieder mehr. Aber damals habe ich sie weniger betrachtet und wage das nicht wirklich zu sagen.

Anders mein Vater. Als uneheliches Kind aus ärmlichen und auch miserablen Verhältnissen hätte er unter normalen Umständen nie einen Bezug zu Kirche und Glauben herstellen können. Irgendwie, vielleicht war es damals doch noch üblich die Kinder zur Kirche zu schicken, vielleicht, weil er dort zumindest zeitweise gut aufgehoben war oder vielleicht auch, weil es dort Menschen gab, die ihn nicht nur als lästigen Balg, sondern als Mensch wahrgenommen haben, kam er in die Kirche „Maria vom Siege“ in Fünfhaus. Er wohnte damals mit seiner Mutter und Großmutter, sowie bis zu deren Auswanderung nach Peru 1929 auch noch mit der Schwester seiner Mutter, deren Mann und dem etwa gleich alten Sohn der beiden, Rudi, in der Wallgasse im 6.Bezirk. In dieser Kirche „Maria vom Siege“, einem mächtigen Backsteinbau, der zu den berühmten Gürtelkirchen der Gründerzeit zählt, gab es zu jener Zeit einen jungen holländischen Kaplan: Pater Jan Does. Dieser Pater Does (gesprochen wurde er „Duss“) nahm sich meines Vaters an und war ihm zeitlebens ein Begleiter. Selbst nach dem Krieg, als dieser Pater Does längst wieder in Holland und später in einem Altersheim in Frankreich lebte, stand mein Vater bis zu seinem Tod mit ihm noch in Briefkontakt. Nebenbei bemerkt trage ich meinen zweiten Vornamen „Johannes“ im Andenken an diesen „Jan“ Does. Als die Wirtschaftskrise größer und die Familienverhältnisse im Elternhaus meines Vaters immer katastrophaler wurden, war es Pater Does, der meinen Vater zur Familie seiner Schwester nach Holland schickte, wo mein Vater einige Jahre lebte. Es muss dies eine besonders fromme Familie gewesen sein, denn diese Schwester war die einzige Verheiratete mit Familie. Alle anderen waren Priester oder Nonnen. Pater Does und diese Familie prägten meinen Vater. Mein Vater war zwar sicher nicht besonders fromm, er war aber zeit seines Lebens geprägt von dieser frommen Familie. Ein besonderes Merkmal, welches sicher damit in unmittelbarem Zusammenhang stand, war auch seine ausgeprägte Prüderie. Nacktheit und überhaupt alles Sexuelle waren ihm ein Gräuel.

In meinen frühen Jahren, während der Zeit meines Volksschulbesuchs, spielte auch in meinem Leben ein holländischer Priester eine besondere Rolle. Eine gänzlich andere Rolle als Pater Does bei meinem Vater, spielte dieser Priester; keine väterliche oder in irgendeiner Form liebevolle; auch nicht eine modern-aufgeschlossene, wie sie in den sechziger Jahren von zahlreichen holländischen Priestern in Österreich geprägt wurde. Vielmehr eine enge, verschlossene und strenge, von tiefer, traditionell verwurzelter Gläubigkeit gesteuerte Rolle war es, die diesen Priester auszeichnete. Pater Richard war sein Name. Wie er mit Familiennamen hieß, war unbekannt, denn er hieß überall nur Pater Richard.

Als Kind ging ich mit meinen Eltern auch regelmäßig am Sonntag zur Kirche. Meinem Vater war es, so denke ich, innere Pflicht und meiner Mutter war es wohl Verpflichtung. Verpflichtung gegenüber ihrem Mann und noch mehr mir als ihrem Kind gegenüber. Als wir noch in Aspern lebten, war mein Bruder dort Ministrant und ich ging in den Kindergarten der Pfarre. Dort gab es noch so etwas wie eine Bindung an eine Pfarrgemeinde. Mit der Übersiedlung in den 10. Bezirk endete diese Beziehung und meine Eltern gingen abwechselnd in verschiedene Kirchen der Umgebung. Regelmäßig jeden Sonntag oder Samstag am Abend. Entweder Samstag mit Mutter und Vater oder Sonntag nur mit meinem Vater. Mutter musste ja sonntags kochen.

Besonders nah waren zwei sogenannte Notkirchen. Notkirchen waren kleine in Baracken angesiedelte Kirchen, eigentlich mehr Kapellen, die einer größeren Pfarre zugeordnet waren und die gottesdienstlichen Bedürfnisse eines kleinen lokalen Stadtgebietes, eines „Grätzels“, abdeckten. Eine dieser Notkirchen war an der Quellenstraße unweit der Kempelengasse, in der wir wohnten. Die zweite, schon etwas weiter entfernte, befand sich an der Ecke Hausergasse-Puchsbaumgasse. Bei letzterer wohnte Pater Richard. Beide gehörten zur Pfarre St. Anton. Später wurden beide abgerissen und am Puchsbaumplatz wurde eine neue moderne Kirche errichtet und sogar zur Pfarrkirche erhoben. Pater Richard wurde ihr erster Pfarrer. Darauf hatte er hingearbeitet und darauf war er stolz, denn ich erinnere mich, dass er einmal erwähnte, dass es der großen Pfarre St. Anton doch nichts ausmachen könne, wenn sie einen Teil ihres ohnehin zu großen Pfarrgebietes an diese neue („seine!“) Pfarre abtreten würde. Anscheinend hatte sich der dortige Pfarrer gegen die Abtretung eines Teiles seines Pfarrgebietes gewehrt.

Dieser Pater Richard wurde in der Volksschule ab der dritten Klasse mein Religionslehrer. Davor hatte ich eine Lehrerin, deren Wirken mir aber in keiner Weise, weder positiv noch negativ, in Erinnerung geblieben ist. Einzig ein Foto von meiner Erstkommunion zeigt eine farblose Frau ohne die Spur einer Ausstrahlung und ich denke, dies ist der Grund, weshalb ich keinerlei Erinnerung an sie habe. Pater Richard war da ganz anders, wenngleich meine Erinnerungen an ihn nichts Positives hinterlassen haben.

Montags fragte er in der Religionsstunde, wer denn am Sonntag in der Kirche gewesen sei. Wer dies bejahte und den er nicht bei sich im Gottesdienst gesehen hatte, dem wurde die Frage nach dem Sonntagsevangelium gestellt. Konnte die Frage nicht beantwortet werden – und welches Kind merkt sich schon bei einem mit Langeweile prall gefülltem Gottesdienst, welches Evangelium gelesen wurde? – der wurde von ihm nicht nur der Missachtung des Sonntagsgebotes, sondern zusätzlich auch noch der Lüge bezichtigt. Ich kann nicht ausschließen, dass diese „Sonntagsfragen“ auch als Bestandteil seiner Benotung in den Unterricht eingeflossen sind.

Ich hatte das Glück, aber ich weiß nicht, ob ich es tatsächlich als „Glück“ bezeichnen kann, dass zu jener Zeit, als ich ihn als Religionslehrer hatte, meine Eltern sehr oft die Messen in seiner Kirche besuchten. Sie schätzten ihn nämlich auch nicht. Auch ihnen war er zu eng, zu streng, zu sehr in einem uralt hergebrachten Glaubens- und Gottesbild verhaftet. Dabei waren meine Eltern sicher keine christlichen Revolutionäre. Aber seine Art Gottesdienst zu feiern fanden sie altfadrisch und überholt. Vielleicht gingen sie zu ihm, weil sie in ihrer Angepasstheit dachten, es wäre gut für mich in meinem Fortkommen im Religionsunterricht bei ihm.

Ein Brauch von ihm ist mir besonders in Erinnerung geblieben, weil er für mich als Kind besonders langweilig war. Wenn er die Messe mit dem Schlusssegen beendete, war für ihn der Gottesdienst noch nicht aus, sondern er setze ihn nahtlos damit fort, dass er begann, gemeinsam mit ein paar alten Weiblein alle möglichen frommen Sprüchlein zu beten. Für mich als Kind waren diese Sprüchlein nach einer ohnehin langen und langweiligen Messe eine Qual. Ich kann mich an kein einziges erinnern, welches ich hier wiedergeben könnte, aber es waren Sprüchlein, die von einer naiven kindlichen Frömmigkeit getragen waren, die schon damals nicht mehr zeitgemäß war. Ich erinnere mich auch deshalb an diesen seltsamen Abschluss seiner Gottesdienste, weil sich meine Mutter regelmäßig darüber lustig machte. Sie nannte es „Sprüchleinbeten“ und lachte, weil sie entdeckt hatte, dass zwischen dem Schlusssegen und dem Sprüchleinbeten nur eine winzige Zeitspanne lang die Chance bestand die Kirche auch zu verlassen. Versäumte man dieses kleine Zeitfenster, war man mehr oder weniger genötigt, die frommen Sprüchlein über sich ergehen zu lassen. Die Kirche nach dem Beginn des ersten Sprüchleins zu verlassen getraute sich niemand. Weder wollte man den Gottesdienst stören noch die strengen Blicke Pater Richards auf sich ziehen. Nach einigen qualvollen Messen mit den anschließenden Sprüchlein hatten es meine Eltern, wie übrigens viele andere Gottesdienstbesucher auch, heraus, die kleine Zeitspanne zur Flucht zu nutzen und so den frommen Sprüchlein zu entrinnen.

Pater Richard hielt zusätzlich zum Religionsunterricht in der Schule auch wöchentlich eine Katechismusstunde ab. Ich habe keine Ahnung warum, aber ich musste dorthin gehen. Da kamen einige Kinder zu Pater Richard, der in einem kleinen Raum neben der Notkirche in der Puchsbaumgasse seine Stunden abhielt. Was er uns dort lehrte, weiß ich nicht mehr. Es muss aber von ziemlicher Langeweile gewesen sein, denn das Einzige, woran ich mich erinnern kann, ist, dass ich regelmäßig so schlimm war, dass er mich wegschickte und ich nicht mehr an der Stunde teilnehmen durfte. So wartete ich draußen vor der Tür in der Hausergasse, bis die Stunde um war, um dann nach Hause zu gehen. Vorher zu gehen traute ich mich nicht, denn das hätte die Frage meiner Mutter herausgefordert, warum ich denn früher nach Hause käme. Diese Frage wollte ich vermeiden, denn natürlich schämte ich mich für mein Schlimmsein. Dass es nicht schlimm war, sondern eine ganz normale Reaktion auf die frömmlerisch langweilige Stunde des Pater Richards, wusste ich damals noch nicht.

Mit dem Übertritt ins Gymnasium lernte ich einen gänzlich anderen Religionsunterricht und auch ganz andere, für die damalige Zeit viel modernere Priester in der Pfarre Neusimmering kennen.

Taranto

Ich war in der vierten Klasse der Volksschule, als mein Vater beruflich nach Taranto gerufen wurde.

Dort in Taranto oder Tarent, wie die Stadt in der Eindeutschung heißt, wurde von der VoeSt ein Stahlwerk für den italienischen Stahlkonzern Italsider errichtet. LD-Verfahren hieß das Wunderding österreichischer Nachkriegsstahlerzeugung, welches die VoeSt in Linz gemeinsam mit ihrem Schwesterwerk in Donawitz in den fünfziger Jahren entwickelt hatte. Dieses LD-Verfahren war der Stolz des österreichischen Wiederaufbaues. Die Regelungstechnik für die Steuerung dieses Werkes in Taranto kam von Siemens, wo mein Vater arbeitete. Und deswegen musste er im Herbst 1964 dorthin, um die Anlage in Betrieb zu setzen.

Es sollte zunächst nur für kurze Zeit sein, doch die Sache verzögerte sich. Jedenfalls musste er über Weihnachten dort bleiben. Zuletzt war es dann ein halbes Jahr, das er in Taranto verbrachte.

Wenige Tage vor Weihnachten kam ein Anruf von Siemens, dass wir, meine Mutter, mein Bruder und ich, über Weihnachten eine Woche nach Taranto eingeladen seien. Siemens würde alles bezahlen, nur organisieren musste es meine Mutter schon selbst. Helle Aufregung bei meiner Mutter.

Also nach Italien sollten wir drei fliegen. Es war damals der Höhepunkt der Südtirolkrise mit den Bomben legenden Südtirolaktivisten und die politische Situation zwischen Österreich und Italien war angespannt. Wir hatten nur Personalausweise und niemand konnte uns verlässlich Auskunft geben, ob diese genügten oder ob wir Pässe bräuchten, die aber so kurz vor Weihnachten nicht mehr zu bekommen waren. *„Woos waaß i, de haum ollawäu aundare Vurschriften“*, war die Auskunft bei der Passbehörde, aus der auch eine gewisse Italophobie des Beamten sprechen mochte. Irgendwie fand meine Mutter dann doch heraus, dass wir mit den Personalausweisen fliegen konnten.

Taranto hatte einen kleinen Flughafen, der nur von Rom aus angeflogen wurde. Aber es gab vor Weihnachten keine Flüge mehr nach Rom. Meine Mutter, sei es aus Sehnsucht nach ihrem Mann oder sei es, um der schönen Reise willen, setzte alles in Bewegung, um doch noch einen Flug zu ergattern; und es gelang ihr. Eine Odyssee an Flügen zwar, aber immerhin. Die Reise führte uns über Zürich, Mailand und Genua nach Rom und von dort weiter über Neapel nach Taranto.

Fliegen war damals noch etwas Besonderes und in jedem Fall noch mit ein wenig Abenteuer verbunden. Die Swissair, mit der wir bis Mailand flogen, hatte damals moderne Caravelles und es gab dort gutes Service und gutes Essen, wenn es auch mir mit Shrimps und Ähnlichem abstoßend exotisch war. Die Vickers-Viscount-Maschinen der Alitalia auf den Inlandsflügen vibrierten und schepperten sich hingegen durch die Luft, dass einem Angst und Bang wurde. In jedes Luftloch fielen sie hinein und die Flüge waren mehr als beschwerlich. Dazu kam, dass wir in Rom spät ankamen und den Anschlussflug nach Taranto nur mit knapper Mühe erreichten. Wir mussten im Laufschritt zum Gate. Es gab damals am Inlandsflughafen von Fiumicino keine Anzeigen und wir sprachen kein Wort Italienisch. Es gab nur einen Italiener, der vor einem Gate stand und unentwegt laut „Napoli – Napoli - Napoli“ rief. Aber wo ging es nach Taranto? Auf die Frage meines Bruders, den meine Mutter wegen seiner Lateinkenntnisse vorschickte, ob es denn hier auch nach Taranto ginge, änderte er seinen Text blitzartig auf „Si, si, Napoli – Taranto, Napoli – Taranto“. Wir hatten es geschafft.

Spät in der Nacht kamen wir in Taranto an. Mein Vater erwartete uns am Flughafen. Wir waren am Ziel. Endlich da. Alle waren glücklich. Am meisten sicher meine Mutter.

Wir wohnten im besten Hotel von Taranto: Delfino. Ein Hotel direkt am Meer mit Aussicht auf die weite Bucht. Wir kannten damals Derartiges nicht. Es war modern, edel eingerichtet und Luxus pur. Wir waren, einen Tag vor Weihnachten, mit Ausnahme eines amerikanischen Ehepaares, die einzigen Gäste in diesem Hotelpalast. Meine Eltern bewohnten ein Zimmer und eines mein Bruder und ich. Es gab da Dinge, die ich nicht kannte. Da war zum Beispiel so ein komisches niedriges Ding im Bad, welches aussah wie eine Klomuschel, aber doch keine war. Das sei zum Popo waschen, erklärte mir meine Mutter, wir sollen es aber ja nicht benutzen. So wie sie es sagte, fast heimlich und jedenfalls höchst verlegen, hatte ich den Eindruck, es handle sich um etwas Unanständiges. Das Bidet, von dem ich damals den Namen noch nicht kannte, erschien mir als seltsamer Spleen der Italiener oder vielleicht der Amerikaner, denn alles Spleenige kam damals schließlich aus Amerika und dieses Hotel schien mir sehr amerikanisch. Dabei konnte ich es auch belassen.

Taranto liegt in einer großen Bucht, an deren Ende ein schmaler Kanal beginnt, der von mächtigen alten Festungstürmen begrenzt ist und der vom Meer (Mare Grande) in den geschützten inneren Hafen (Mare Piccolo) führt. Über den Kanal gab es eine Eisenbrücke, die für die Einfahrt größerer Schiffe gedreht werden konnte. Im Gegensatz zu den Hebebrücken, wie die Tower-Bridge, wo die Brückenteile angehoben werden können, wurden in Taranto die beiden Brückenhälften zur Seite gedreht. Die Fischerboote konnten bequem unter der Brücke durch. Für die großen Kriegsschiffe, die im inneren Hafenbecken lagen, musste sie hingegen geöffnet werden. Ging man über die Brücke, so kam man von der Neustadt, wo auch das Delfino war, in die Altstadt.

Wir gingen nie in die Gässchen der Altstadt hinein. Nur außen den Hafen entlang, wo die zahllosen Fischerboote an der Mole schaukelten, Fischer ihren Fang ausluden und ihre Netze ordneten und flickten. Ein Fischer hatte das Schneckenhaus einer großen Meeresschnecke an der Mole liegen. Das wollte er mir verkaufen und erklärte mir – mein Vater konnte ein wenig Italienisch und spielte den Dolmetscher – dass man das Meeresrauschen aus der Schnecke hören könne, wenn man sie ans Ohr hält. So schnell konnte ich nicht reagieren, hielt er mir zum Beweis die Schnecke ans Ohr, damit ich es höre. Ich hörte es tatsächlich. Doch kam ich wenig in den Genuss des Rauschens der Meeresbrandung, denn die Muschel war noch voll Wasser und er entleerte den Inhalt, dass mir das Meerwasser vom Ohr in den Kragen und über die Schulter rann. Zu Weihnachten ist es auch in Apulien kalt. Jetzt war es nass und kalt.

Die Gassen der Altstadt waren schmal, kaum mehr als einen Meter breit. Die Neugierde hätte mich schon gepackt in diese schmalen Gassenschluchten hinein zu gehen, wo hoch oben im dritten oder vierten Stock Schnüre von Haus zu Haus gespannt waren, auf denen Wäsche zum Trocknen hing. Vati sagte aber, es sei zu gefährlich da hineinzugehen in dieses enge Gewirr aus unübersichtlichen Gassen. Er erzählte auch von Männern, die ebenfalls wie er im Stahlwerk gearbeitet hätten, die da hineingingen und nie mehr aufgetaucht seien. Nun, heute halte ich das für ein Schauermärchen, dem auch er aufgesessen ist. Selbst erfunden, um uns zu schrecken, hätte er so was nie, doch uns ließ es erschauern und so gingen wir nur den Fischerhafen entlang und lugten ängstlich und respektvoll in die geheimnisvollen engen Gassen der Altstadt hinein.

Völlig neu für mich war auch, dass wir täglich in Restaurants essen gingen. Unsere Urlaube bestanden sonst immer aus Selbstversorgung und kalter Küche. In Taranto hatten wir diese Möglichkeit nicht und wir gingen täglich essen. Meine Eltern und auch mein Bruder kosteten sich durch die diversen Spezereien. Ich hingegen war mit den Feinheiten der italienischen Küche nicht vertraut, mehr Gourmand als Gourmet und bestellte in jedem Restaurant „Spaghetti al Burro" – Spaghetti mit Butter. Sonst nichts. Die schmeckten mir.

So viel Neues war da zu bestaunen. Die Altstadt, die Fischer, die Kriegsschiffe im Hafen, das leichte unbeschwerte Leben Süditaliens. Doch was ist Italien ohne italienische Mama: pompös in ihrer überwölbenden Liebenswürdigkeit. Mein Vater lebte in der Woche, die wir bei ihm verbringen konnten, bei uns im Hotel. Während der übrigen Zeit, die er in Taranto lebte und arbeitete, hatte er ein Privatzimmer in der Stadt. Natürlich musste er uns dieses zeigen. Er führte uns in das Zimmer, welches er bewohnte. Es war eine Wohnung in einem der modernen Plattenbauten, wie es sie damals in Wien noch wenige gab (der große Gemeindebauboom mit all seinen Hässlichkeiten setzte erst in der zweiten Hälfte der sechziger Jahre ein). An die Wohnung und das Zimmer selbst erinnere ich mich nicht mehr. Aber an die Hausfrau. Eine Matrone von speckig glänzender Breite mit einem ebensolchen, Liebenswürdigkeit ausstrahlendem Lächeln. Obwohl wir kein Wort verstanden, das sie sagte, war sie von derart vereinnahmendem Wesen, dass es daraus kein Entrinnen ab. Eine italienische Mama, wie aus einem alten Film der Cinecitta. Es war da auch noch ein Sohn, etwa in meinem Alter. Breit wie die Mama, nur nicht von dieser penetranten Freundlichkeit, sondern eher verschüchtert von uns Fremden. Mann war keiner da. Um jetzt kein Klischee der italienischen Männer mit solchen klischeehaften italienischen Frauen zu bemühen, sage ich, er wird wohl in der Arbeit gewesen sein.

Die Woche war bald um und der Heimflug nach Wien ging problemloser und auch direkter über Rom nach Wien.

Nach den Weihnachtsferien musste ich in der Schule einen Aufsatz über mein Weihnachtsfest schreiben und ich schrieb und schrieb voll Eifer in meinen Erinnerungen an diese für mich bis dahin einmalige Reise nach Taranto eine Beschreibung der Stadt. So viel wusste ich zu schreiben, dass ich mit meinem Aufsatz gar nicht fertig und mir die Zeit zu knapp wurde. Als die Zeit schon um war, rang ich noch schnell nach einem passenden Schlusssatz. Ich schloss mit dem Satz „Überhaupt wimmelte es in der Stadt von Matrosen“ und war sicher, so dem durch das Läuten abrupt unterbrochenen Aufsatzschreiben noch ein halbwegs passendes Ende zu geben. Der Lehrer war anderer Meinung. Er wollte eine Weihnachtsgeschichte, eine mit Christbaum, Geschenken und Familienseligkeit. Ich bekam wegen Themenverfehlung einen Fünfer auf diesen Aufsatz.

Irgendwann im März kam mein Vater dann aus Taranto zurück.

Am Steinhof

Fritzi: *Steinhof, Steinhof machs' Türl auf*
der Franzi kommt im Dauerlauf
Franzi: *Steinhof, Steinhof mach's no net zua*
der Fritzi, der kommt a dazua
Kinderreim

Meine Großmutter hatte eine Schwester oder eigentlich eine Halbschwester, aber vielleicht war sie auch nur eine Stiefschwester. So genau wusste das niemand und die Omama schwieg sich darüber aus und irgendwelche Dokumente, aus denen das hervorgegangen wäre, gab es nicht. Zumindest nicht im Zugriff am Resedaweg bei den später, nach Omamas Ableben, hinterlassenen Dokumenten. Die wahrscheinlichste These war jedenfalls jene, dass es sich dabei um gar keine leibliche Schwester gehandelt hat, sondern um ein Kind, welches durch zweimalige Verwitwung mit anschließender Wiederverheiratung ihrer Eltern, respektive Stiefeltern in die Familie meiner Großmutter gekommen ist. Dafür spricht, dass sie wesentlich älter als meine Großmutter war und dass die verworrenen, stets im Dunklen verbliebenen Familienverhältnisse eine solche, etwas absurd klingende Familienkonstellation durchaus möglich erscheinen lassen. Für meinen Vater war das die Tante Fini. Unter diesem Namen kannte auch ich sie. Ihren Familiennamen kenne ich nicht. Angeblich – schon wieder angeblich, wie so vieles – war sie vor dem Krieg mit einem Juden verheiratet und ließ sich zu Beginn der Naziherrschaft scheiden. Genaueres liegt auch hier im Dunkeln oder besser gesagt unter dem familienimmanenten Teppich. Kinder hatte sie definitiv keine.

Manchmal besuchte sie meine Omama am Resedaweg und ein oder zweimal waren auch wir bei ihr zu Besuch. Sie wohnte in einer kleinen Altbauwohnung an einer

Hauptstraße im 4. oder 5. Bezirk. Favoritenstraße oder Reinprechtsdorferstraße, so genau weiß ich es nicht.

Je älter sie wurde, und sie war – wie gesagt – um einiges älter als meine Großmutter, wurde sie immer seltsamer. Heute würde man von Demenz reden. Damals hatte man weniger feine Ausdrücke dafür. Ein Merkmal war ihre zunehmende Paranoia. Ihre Erzählungen von wem und wie sie bestohlen und beraubt wurde, sorgten für familieninterne Verwunderung, Kopfschütteln und manch geduldiges Lächeln. Alle ihre Nachbarn hätten es nur auf ihr Geld und ihren Schmuck abgesehen und ständig fehlte etwas. Sie ließ mehrere Schlösser an ihrer Tür anbringen und ging kaum mehr aus dem Haus, es sei denn um das Nötigste einzukaufen oder auf dem nächsten Wachzimmer der Polizei Anzeige gegen diesen oder jenen Nachbarn zu erstatten. Dort kannte man sie schon und die Polizei unternahm selbstverständlich nichts. Auch dort wird man über die verrückte alte Frau gelächelt haben und zur Tagesordnung übergegangen sein.

Das ging solange gut, solange sie in ihrem Verfolgungswahn nicht weitere Schritte setzte. Das war ein Brief an den Bürgermeister. Es muss wohl Jonas oder Marek gewesen sein, wahrscheinlich schon Letzterer. Was genau in dem Brief stand, ist unbekannt, jedenfalls dürfte es darin nicht nur um die vermeintlich diebischen Nachbarn, sondern auch um die mangelnde Verfolgung derselben durch die Polizisten des nahen Wachzimmers gegangen sein.

Die Sache nahm den Amtsweg mangelnden Verständnisses alter und dementer Menschen. Kurzum, die Tante Fini landete in der Psychiatrie am Steinhof.

Dort besuchten sie meine Eltern manchmal. Einmal nahmen sie mich mit. Ich erinnere mich noch an den imposanten Eingang, den weitläufigen Park und die Pavillons, in denen die einzelnen Stationen des Spitals untergebracht waren. Das alles war mir nicht ganz unbekannt, da eine

Freundin meiner Mutter, die Krankenschwester war, einige Zeit in einem Schwesternheim in der neben Steinhof befindlichen Lungenheilstätte Baumgartner Höhe wohnte, wo wir sie ein paar Mal besucht hatten. Trotzdem übte das Unheimliche der psychiatrischen Anstalt – und ich bin sicher, sie wurde von meinen Eltern nicht so, sondern eher als Narren- oder Irrenhaus bezeichnet – eine besondere Wirkung auf mich aus. Alles war so ruhig, so unheimlich ruhig und dabei galten doch die „Narren“ alle prinzipiell als gefährlich. Besonders für Kinder, und man sollte sich doch tunlichst von diesen fernhalten, weshalb sie auch hier am Steinhof, weit außerhalb der Stadt eingesperrt, abgesondert, waren.

Die Tante Fini war in einem dieser Pavillons untergebracht. Es war ein großer Raum, in dem etwa acht oder zehn Betten standen und der durch einen offenen Mauerdurchbruch vergrößert in einen mindestens ebenso großen zweiten Raum nahtlos überging. Die Tante Fini schien mir dort trotz ihres Alters die einzig normale Patientin zu sein. Sie sprach ganz normal und ich habe sie auch nicht in irgendeiner Weise als verwirrt in Erinnerung. Ihr einziges und im Grunde genommen sicher harmloses, wenn auch für die von ihr beschuldigte Umgebung unangenehmes Problem bestand in ihrer Paranoia. Sie passte schlichtweg nicht in diesen Rahmen, aber damals gab es, so scheint es, nur einen Weg nach Steinhof hinein, aber keinen hinaus. So wie in dem Vers, mit dem wir Kinder uns gegenseitig hänselten, wenn ein anderes Kind einem etwas angetan hat, was als verrückt oder böse erklärt wurde. An eine Entlassung aus Steinhof war also für die alte Tante Fini nicht zu denken, selbst wenn sie noch so wenig tatsächlich dort hin gehört hat.

Die anderen Patientinnen in diesem Doppelzimmer waren unterschiedlichsten Alters und die meisten lagen apathisch in ihren Betten. Unter welchem medikamentösen

Einfluss diese standen und welchen Behandlungen sie unterzogen wurden, möchte ich mir heute rückblickend gar nicht ausmalen. Andere wieder litten unter dem Downsyndrom, oder wie man des damals nannte, waren mongoloid. Die schienen am harmlosesten. Wieder andere lagen in Betten, die, einem Käfig gleich, rundum und auch oben mit einem starken Netz umspannt waren. Die Patienten darin waren, so vermutete ich, die besonders gefährlichen, denn sonst hätte man sie nicht, den Raubtieren in Schönbrunn gleich, in diese Käfige sperren müssen.

In jenem durch einen Mauerdurchbruch offenen zweiten Teil des großen Saales lag in einem Bett eine junge Frau von vielleicht zwanzig Jahren. Obwohl ihr Bett direkt gegenüber jenem der Tante Fini stand, war sie mir zunächst nicht aufgefallen. Unversehens begann sich diese Frau zu entkleiden und stand plötzlich splitternackt in ihrem Bett, was ihr sichtliches Vergnügen bereitete. Ich hatte noch nie zuvor in meinem Leben eine nackte Frau gesehen. Sie war eine üppige, aber nicht dicke junge Frau mit großen runden Brüsten und dichter wolliger Schambehaarung. Ich war gebannt. Schnell herrschte Aufregung im Saal und einige Schwestern eilten herbei und hießen die Nackte sich wieder anzuziehen, was sie zunächst verweigerte, dann aber doch befolgte. Alles ging so schnell, dass nicht einmal meine Eltern, die sonst ein Muster an Prüderie waren, mich wegsehen heißen konnten. So war die erste nackte Frau meines Lebens diese „Närrin“ am Steinhof.

Bei späteren Besuchen der Tante Fini nahmen mich meine Eltern nicht mehr mit und die Tante Fini ist auch bald darauf dort oben am Steinhof verstorben.

Bad Ischl und die Todsünde

Der Schulwechsel von der Volksschule in der Laimäckergasse in das Simmeringer Gymnasium in der Gottschalkgasse am Herderpark brachte mir eine Reihe von großen Änderungen. Gute und weniger gute.

Eine der guten Änderungen war die des Religionsunterrichtes. War es in der Volksschule der altfadrische, enge und konservative Unterricht Pater Richards, so lernte ich in der neuen Schule einen völlig konträren Priestertyp und Religionslehrer kennen. Sein Name war DDr. – also ein Doppeldoktor – Mahr. Seinen Vornamen weiß ich nicht mehr. Er war Kaplan in der Pfarre St.Nepomuk im 2. Bezirk und unterrichtete Religion in der Gottschalkgasse. Er galt als Intellektueller – no-na als Doppeldoktor – und übte, so glaube ich mich zu erinnern, auch noch einige diözesane Funktionen aus.

Der Professor Mahr, wie wir Schüler ihn anredeten, war eloquent, umgänglich, auch mit uns Erstklasslern und wie gesagt, ein kluger und intelligenter Kopf. Alle schätzten und mochten ihn.

Da es in der Pfarre Neusimmering am Enkplatz, in deren Gebiet die Schule lag, damals keine Jungschar- oder Jugendgruppe für die Erstklassler gab, Professor Mahr aber den Bedarf sah und erkannte, organisierte er selbst kurzerhand eine. Ein Schüler der siebten Klasse, an dessen Namen ich mich nicht mehr erinnere, wurde unser Gruppenführer (welch schreckliche Bezeichnung! Aber so hieß das damals). Eine Reihe von Schülern, ich schätze so etwa zehn, trafen sich wöchentlich in Räumen der Pfarre Neusimmering zu den Gruppenstunden. Dort wurde das zwar nicht gern gesehen, denn anscheinend war es den dortigen Priestern und noch mehr dem Schrecken der Pfarre, der allgewaltigen Schwester Hermine, nicht besonders recht, dass ein pfarrfremder Priester in „ihrer“ Pfarre eine eigene

Gruppe aufbaute. Besagte Schwester Hermine war in Neusimmering allgegenwärtig und nahezu auch allmächtig. Jedenfalls hatte sie sicher mehr Macht und Einfluss als der alte, damals fast schon greise Pfarrer Steinböck. Sie nannte sich „Schwester Hermine“, obwohl sie, soweit mir bekannt, keine Klosterschwester war. Sie trug auch keine Schwesterntracht und sie erneuerte alle fünf Jahre ihr Gelübde der Ehelosigkeit. Alle fünf Jahre deshalb, so munkelten böse Zungen, da ja vielleicht doch irgendwann ein zur Ehe bereiter Mann in ihr Leben treten könnte und dann sei sie gelübdemäßig auf der sicheren Seite und könne die maximal fünf Jahre notfalls irgendwie schon hinter sich bringen. Aber wie gesagt, das waren bösartige Unterstellungen und es dürfte auch nie dazu gekommen sein und sie konnte problemlos im Fünfjahresrhythmus ihr Gelübde erneuern, respektive verlängern, ohne auch nur in die Nähe einer Gefahr des Brechens des Gelübdes zu kommen. Ihr Hauptaugenmerk galt bei den Jugendlichen den Mädchen und für diese waren wir Buben aus der ersten Klasse keuschheitsmäßig natürlich noch keine Gefahr und so wurde uns das wöchentliche Gruppentreffen gestattet.

Aber diese Rahmenhandlung interessierte uns Kinder nicht. Wir trafen uns, konnten reden, spielen (Tischtennis-Ringerl bis zum Abwinken) und hatten einen Ort des Freiraums. Frei von Schule, frei von Zwang und erstmals wirklich auch frei vom Elternhaus. Das neue Freie tut Zehn- oder Elfjährigen, die sich damit erstmals ein wenig erwachsen fühlen können, gut.

Professor Mahr versprach uns für den Fall, dass wir regelmäßig in die Gruppenstunden kämen und wir uns dort auch ordentlich - das hieß: brav sein – benehmen, mit uns am Ende des Jahres in den Sommerferien eine Woche nach Bad Ischl zu fahren. Angesichts des Genusses der Freiheit war das mit der Regelmäßigkeit des Kommens nicht schwer. Schwieriger war es zumindest für mich schon mit dem Bravsein. Aber auch das habe ich irgendwie geschafft und allzu streng dürften die Kriterien auch nicht gewesen sein.

Es war die letzte Ferienwoche, als wir mit Professor Mahr, unserem „Gruppenführer“ und noch einer zweiten Gruppe nach Bad Ischl fuhren. Vom Bahnhof mussten wir zu Fuß mit unserem gesamten Gepäck hinauf zu dem Jugendgästehaus in Jainzen. Jainzen liegt etwas außerhalb von Bad Ischl auf einer Anhöhe. Das Haus war einfach eingerichtet, wie es derartige Häuser damals waren. Es lag etwas abseits an einer Nebenstraße, die direkt in den Wald führte. Wir schliefen in Mehrbettzimmern mit Stockbetten im Obergeschoss des Hauses. Ebenerdig waren die Küche und ein großer Speisesaal, der auch als Aufenthaltsraum diente.

Ende August regnet es im Salzkammergut häufig, ausgiebig und im sogenannten Schnürlregen auch dauerhaft. So auch in dieser Woche, sodass es öfters nicht möglich war, Wanderungen oder Ausflüge zu unternehmen. Eine unserer liebsten Freizeitbeschäftigungen während der Regenfälle war es, kegeln zu gehen. In der Nähe war ein Gasthaus mit einer Kegelbahn. Ich hatte bis dahin noch nie gekegelt und wir Buben imponierten uns gegenseitig mächtig in der Ausübung dieses Erwachsenensportes. Um besonders erwachsen zu wirken, bestellte ich im Gasthaus ein Coca Cola, jenes braune, stark kohlesäurehaltige Getränk, welches mir bis dahin überhaupt nicht schmeckte. Hier schmeckte es plötzlich. Ob wirklich, oder ob es nur mit dem vorpubertären Getue von uns Buben zu tun hatte, weiß ich natürlich nicht mehr. Wahrscheinlich war es von allem etwas.

Die Kegelbahn befand sich in einer im Freien neben dem Gasthaus befindlichen Pawlatsche, an der einen Seite an ein Haus angebaut und an der anderen Seite offen. Die Kegelbahn war in der Art eines Laubenganges überdacht.

Hinten war eine freie Fläche mit einem Holztisch für die Getränke, wo sich die Spieler aufhielten. Vorne, neben den Kegeln, befand sich ein kleiner geschützter Raum. Dort hielt sich abwechselnd ein Spieler auf, dessen Aufgabe es war die umgefallenen Kegel wieder aufzustellen. Die abgeschossene Kugel musste er in eine nach hinten zu den Spielern leicht abfallende Rinne legen, damit der nächste Spieler sie wieder benutzen konnte. Dort kegelten wir Buben also, während draußen, außerhalb der Pawlatsche der Schnürlregen vom Himmel herab seine Fäden zog, tranken unser Cola und fühlten uns unendlich erwachsen.

Was wir sonst noch alles unternahmen, habe ich, abgesehen von dem in Bad Ischl fast obligaten Besuch des Salzbergwerkes, nicht mehr in Erinnerung.

Den Abschluss der Woche bildete jedenfalls eine Messe mit Professor Mahr im Speisesaal des Hauses und ein anschließendes nächtliches Lagerfeuer im nahen Wald.

Um die Messe „würdig", das heißt mit Kommunionempfang, mitfeiern zu können, war es notwendig vorher zur Beichte zu gehen. Natürlich nur, wenn man mit einer sogenannten Todsünde behaftet war. Und das, so war ich überzeugt, war ich damals immer. Es gab im Beichtspiegel die lässlichen Sünden, wie einmal kein Abendgebet gesprochen, sonntags nicht in der Kirche gewesen zu sein oder den Eltern mal nicht gefolgt zu haben. All das waren laut dem Beichtspiegel im Gebetbuch lässliche Sünden, die den Gang zur Beichte vor dem Kommunionempfang nicht zwingend notwendig gemacht hätten. Aber dann gab es die Todsünden, die, stürbe man mit so einer behaftet, die sofortige ewige Verdammnis in der Hölle mit sich gebracht hätten. Zumindest hat uns das der Pater Richard in der Volksschule so gelehrt und Professor Mahr hatte es noch nicht geschafft, mir anderes zu lehren. Ob er es nicht getan hat oder ob er es nicht erkannt oder für notwendig erachtet hat anderes zu lehren, weiß ich nicht. Auch wenn er für damalige Verhältnisse als modern und aufgeschlossen galt, war er sicher auch noch weit in altem gestrigen Denken der Kirche verhaftet. Aber welche Todsünden kann ein elfjähriger Bub schon begehen. Morden? Ehe brechen? Die einzige, und die war im Beichtspiegel penibel beschrieben, war die Unkeuschheit. Das war die schwerste aller Sünden, vielleicht noch abgesehen vom Mord, der aber irgendwie außerhalb des Denkbaren lag. Aber die Unkeuschheit, die war allgegenwärtig. Das Spiel mit dem Penis. Die Vergleichsmessungen mit Freunden, wer denn nun über mehr Zentimeter verfüge. Und, ja, nicht nur „in Werken", sondern auch schon „in Gedanken", war schwer sündhaft. Gedanken und Fantasien, die sich ohnehin jeder Steuerung durch das Bewusstsein entzogen.

Bedeutete in dieser Indoktrination, der ich damals unterlag, schon diese Sünde allein im Todesfall die sofortige und unrettbare Höllenfahrt, so bedeutete mit einer derartigen Sünde behaftet zur Kommunion zu gehen – ich weiß zwar nicht, wie das hätte funktionieren sollen – quasi die doppelte Höllenfahrt mit noch ungeahnteren fürchterlichen Qualen und Strafen.

Was blieb mir also anderes über, als zur Beichte zu gehen. Nicht dass mir das Beichten meiner Unkeuschheit fremd gewesen wäre, das musste ich ja jedes Mal wieder beichten. Dieses Mal war es anders. Der Beichtstuhl, wo der Priester – meist ohnehin alt und desinteressiert – hinter seinem mit Zellophan verklebten Holzgitterchen Zuhören vortäuschte, hatte doch noch ein wenig Anonymität. Hier saß ich Professor Mahr Angesicht zu Angesicht in seinem Zimmer gegenüber und musste ihm meine Sünden beichten. Das war direkt und ohne Zellophan und Gitter und Beichtstuhl. Das war eins zu eins. Unmittelbar, direkt und unendlich peinlich.

Zu meinem Erstaunen blieb Professor Mahr ernst und würdevoll und ließ gelassen meine herausgepressten Sünden über sich ergehen. Er fragte nicht nach, insistierte nicht, sprach ein paar mahnende, aber in der Sache harmlose Worte, erteilte mir eine angemessene Buße, wahrscheinlich ein oder zwei Vaterunser mitsamt Gegrüßet seist du Maria und das war es. Ich war erleichtert, es geschafft zu haben.

Die nach der Messe – ich hatte ja „reinen Herzens" die Kommunion empfangen – über dem Lagerfeuer an einem Haselstock aufgespießt gebratene, schon leicht verkohlte Knackwurst schmeckte mir vorzüglich.